코디미영화의 이해

바치는 글

최초(最初)이자 최고(最古, 最高)의 친구
남동길 님에게 이 책을 바칩니다.

아모르문디 영화 총서 11

코미디영화의 이해

초판 펴낸 날 2018년 8월 25일

지은이 | 서곡숙
펴낸이 | 김삼수
편 집 | 신중식 · 신아름
디자인 | 최인경

펴낸곳 | 아모르문디
등 록 | 제313-2005-00087호
주 소 | 서울시 마포구 월드컵로10길 27 세화회관 201호
전 화 | 0505-306-3336 팩 스 | 0505-303-3334
이메일 | amormundi1@daum.net

ⓒ 서곡숙, 2018 Printed in Seoul, Korea

ISBN 978-89-92448-70-3 95680
ISBN 978-89-92448-37-6(세트)

※ 이 도서의 국립중앙도서관 출판예정도서목록(CIP)은 서지정보유통지원시스
템 홈페이지(http://seoji.nl.go.kr)와 국가자료공동목록시스템(http://www.
nl.go.kr/kolisnet)에서 이용하실 수 있습니다.(CIP제어번호: CIP2018025460)

아모르문디 영화 총서·11
Amormundi Film Books

코미디영화의 이해

서곡숙 지음

아모르문디

'아모르문디 영화 총서'를 시작하며

영화가 탄생한 것은 1895년의 일입니다. 서구에서 영화에 대한 이론적 담론은 그로부터 한참 뒤인 1960년대에야 본격화되었습니다. 한국에서는 1980년대 후반의 일이었습니다. 대학원에 영화학과가 속속 생겨나면서 영화는 비로소 학문의 영역으로 들어왔고 연구자들에 의해 외국 서적들이 번역·소개되기 시작했습니다. 1990년대 중반까지만 해도 외국어로 된 책을 가지고 동아리 모임이나 대학원에서 함께 공부하고 토론했던 기억이 새롭습니다. 매일 선배나 동료들에게 애걸복걸하며 빌리거나 재복사를 한, 화면에 비가 내리는 비디오테이프를 두세 편씩 보고서야 잠이 들고 다른 언어로 된 이론서를 탐독하며 보냈던 시절은 어느덧 지나간 듯합니다. 이제는 구할 수 없는 영화가 없고 보지 못할 영화도 없습니다. 그럼에도 오늘 한국의 영화 담론은 어쩐지 정체되어 있는 듯합니다. 영화 담론의 장은 몇몇 사람들만의 현학적인 놀이터가 되어가고 있는 느낌입니다.

최근 한국의 영화 담론은 이론적 논거는 부실한 채 인상비평만 넘쳐나고 있습니다. 전문 영화 잡지들이 쇠퇴하는 상황에서 깊이 있는 비평과 이해는 점점 더 찾아보기 어려워지고 있습니다. 대학과 현장에서 사용하는 개론서들은 너무 오래전 이야기에 머물러 있고 절판되어 찾아보기 힘든 책들도 많습니다. 인용되고 예시되는 장면도 아주 예전 영화의 장면들입니다. 영화는 눈부신 속도로 발전하고 있는데, 그에 대한 이론적 논의는 그 속도를 따라가지 못하는 형국입니다. 물론 이론적 담론이 역동적인 영화의 발전 속도를 바로바로 따라잡기란 쉽지 않은 일입니다. 그럼에도 당대의 영화 예술에 대한 깊이 있는 이해는 비평적 접근을 통해서만 가능하다고 믿습니다. 이에 뜻을 함께하는 영화 연구자들이 모여 '아모르문디 영화 총서'를 시작하고자 합니다.

'아모르문디 영화 총서'는 작지만 큰 책을 지향합니다. 책의 무게는 가볍지만 내용은 가볍지 않은 영화에 관한 담론들이 다채롭게 펼쳐질 것입니다. 또한 영화를 이미지 없이 설명하거나 스틸 사진 한두 장으로 논의하던 종래의 방식을 벗어나 일부 장면들은 동영상을 볼 수 있도록 기획하였습니다. 예시로 제시되는 영화들도 비교적 최근의 영화들로 선택했습니다. 각 권의 주제들은 독립적이면서도 서로 연관관계를 갖도록 설계했습니다. '아모르문디 영화 총서'는 큰 주제에서 작은 주제들로 심화되는 방향으로 구성되어 있습니다.

정체되어 있는 한국 영화 담론의 물꼬를 트고 보다 생산적인 논의들이 확장되고 발전하는 데 초석이 되었으면 하는 것이 '아모르문디 영화 총서'의 꿈입니다. 영화 담론의 발전이 궁극적으로 영화의 발전을 가져올 것이고 그 영화를 통해 우리의 삶이 더 풍요롭고 의미 있는 것이 되었으면 합니다.

기획위원 김윤아

들어가는 글

『코미디영화의 이해』는 아모르문디 영화 총서의 일환으로 기획되었으며, 코미디영화의 이해를 돕고자 하는 목적에서 출발하였습니다. 필자가 개인적으로 가장 좋아하는 장르가 스릴러영화나 탐정영화인데도 불구하고 코미디영화 연구자의 길로 가게 된 것은 다소 사소한 이유에서입니다. 코미디영화를 볼 때 거의 웃었던 적이 없기 때문입니다. 일상적인 대화에는 잘 웃는데 왜 코미디영화를 볼 때 웃지 않을까라는 궁금증에서 출발하였습니다. 그 이유는 앙리 베르그송의 『웃음—희극성의 의미에 관한 시론』을 읽고 이해가 되었습니다. 코미디영화의 웃음은 기본적으로 비웃음적인 성격이 많기 때문에 다소 거리를 둬야 하는데, 비웃음의 대상에게 감정이입을 할 경우 동정이나 연민을 느껴 웃기 힘들다는 것입니다.

코미디영화를 연구한 이후 부딪혔던 가장 큰 오해는 코미디영화가 저급하다거나 해피엔딩으로 공격성이 희석된다는 것입니다. 연구를 진행함에 따라 코미디영화에서 해피엔딩은 풍자의 대상을 추방하지 않고 참여시키려는 희극정신이며, 날카로운 현실 비판은 풍자나 웃음의 형태로 숨겨져 있다는 사실을 알게 되었습니다. 또한 바보스러운 인물을 통한 희화화는 비판적인 인물이 바보탈을 쓰고 마음껏 사회를 조롱하고자 하는 의도라는 것도 깨우치게 되었습니다. 웃음의 의미가 다양한 만큼 코미디영화가 담고 있는 희극정신의 스펙트럼도 다채롭습니다.

이 책은 이런 코미디영화를 이해하기 위해서 4단계의 여정을 밟아나가고 있습니다. 첫째, 장르에 대한 이해를 바탕으로 장르로서의 코미디영화를 설명하고 있습니다. 둘째, 코미디영화의 내러티브적 특성, 즉 인물 유형, 갈등 구조, 해피엔딩에 대해 논의하고 있습니다. 셋째, 웃음, 아이러니, 패러디, 정보 전략, 변장을 통해서 코미디영화의 특성을 이해하고자 합니다. 넷째, 로맨틱 코미디영화, 조폭 코미디영화, 풍자 코미디영화, 액션 코미디영화, 여걸 코미디영화를 중심으로 코미디영화의 하부 장르를 설명하고 있습니다.

영화는 인기가 있지만, 영화책은 인기가 없습니다. 코미디영화 전공자로서 집필의 의무는 느끼지만 시작하기가 힘들었던 필자에게 계속해서 권유하며 용기를 준 기획위원 김윤아 선생님께 고마움을 표하고 싶습니다. 그리고 위험 부담이 있음에도 불구하고 아모르문디 영화 총서를 지속적으로 출판하고 필자에게도 기회를 주신 김삼수 대표님에게 감사드리고 싶습니다. 아울러 코미디영화를 전공함에 있어서 핵심을 짚어주신 민병록 교수님, 혼란스러운 필자의 생각에서 논리적 맥락을 정리해 주신 정재형 교수님, 패러디로 석사논문을 쓴 후 코미디영화 전공을 하라고 말씀해 주신 유지나 교수님, 대중문화 연구를 통해 코미디영화에 대한 시각을 넓혀 주신 조종흡 교수님께도 감사의 말씀을 드리고 싶습니다.

2018년 8월
서곡숙

〈차 례〉

들어가는 글 … 6

제1장 코미디영화와 장르

제2장 코미디영화의 인물

제3장 코미디영화의 갈등

제8장 코미디영화의 정보 전략

제9장 코미디영화의 변장

제10장 코미디영화의 하부 장르

제1장 코미디영화와 장르

1. 장르의 형성: 제작자/텍스트/수용자의 상호작용

장르는 사회적이고 역사적인 변화에 따라 기존의 관습들을 재적용, 확장, 변형, 변화시키며, 영화산업, 텍스트, 관객 사이를 순환하는 '기대와 관습의 체계'입니다.[1] 장르는 주제, 인물, 구성, 시각·청각적 요소 등이 흡사한 일련의 영화들의 유형입니다. 영화의 상품성, 대중성, 오락성, 유행적 측면에 따라 일련의 영화를 생산하는 것이 장르입니다.[2] 그래

---

[1] Steve Neale, *Genre*, London: British Film Institute, 1980, pp.7~17.
[2] 정재형b, 『정재형 교수의 영화 강의』, 영화언어, 1994, 133~134쪽.

서 장르는 테크놀로지, 산업, 영화제작 방식, 관객의 욕망, 사회적 욕구의 교차점입니다.[3] 장르는 특정한 장르에 대한 관객의 지지와 제작자의 선호로 인해, 영화산업과 관객의 상호작용이라는 과정을 거쳐 정형이 만들어집니다.[4]

장르는 제작자, 텍스트, 수용자라는 세 축을 바탕으로 만들어지며, 시대에 따라 변주를 통해 관객의 욕구를 충족시키고자 합니다. 장르는 주체, 산업, 텍스트를 가능하게 해주는 전통, 문법, 내용과 그것들을 받아들이는 소비자 등에 대한 논의와 관련되어 있습니다.[5] 대중적인 영화 스토리들은 그것이 관객의 요구를 만족시키고 제작사에 이윤을 보장해 주는 한 계속 변주되고 반복됩니다. 어떤 영화 스토리가 대중적 성공을 거두면 그것은 익숙한 패턴이 될 때까지 이후의 영화에서 계속해서 재생되고 반복됩니다. 그래서 장르는 창안해 내고 태어나는 것이 아니라, 이런 공통요소들의 집합을 통해 만들어지며, 일관성은 구성과정에서 주어집니다.

---

3) Dudley Andrew(더들리 앤드루), 『영화 이론의 개념들』, 김시무 외(1995), 시각과 언어, 169쪽.
4) Thomas Schatz, *Hollywood Genres: Formulas, Filmmaking, and the Studio System*, 1981, 한창호·허문영(공역), 『할리우드 장르의 구조』, 한나래, 1995.
5) 원용진, 「장르 변화로 읽는 사회: 인기 드라마 〈모래성〉과 〈애인〉을 중심으로」, 『언론과 사회』, 1997년 여름, 통권 제16호, 1997, 102쪽.

장르영화는 대중영화를 중심으로 나타나고, 흥행이 최우선의 가치인 영화산업적인 시스템에 따라 관습적으로 제작되며, 관객들의 기대를 바탕으로 만들어집니다. 그래서 장르영화는 대중의 무의식적인 심리를 드러내며, 동시대의 사회적인 가치와 태도를 반영하고 있습니다. 장르영화는 사회, 문화적인 변화와 함께 합니다. 그래서 관객은 특정한 시대에 특정 장르의 진화와 사회, 문화적인 가치관의 변화를 동시에 보게 됩니다.[6] 아울러 장르영화의 전도된 특성은 문화적으로 허용된 위치로 회귀하면서 관객의 쾌락을 생산합니다.[7]

2. 장르영화의 반복과 변주: 사회 변화와 집단 무의식

장르영화는 익숙한 스토리의 반복을 통해 기본적인 특성을 공유함으로써, 관객의 이해와 만족도를 높이고자 합니다. 그래서 장르적 요소에 선험적 의미를 부여하는 것은 관습화된 형식, 내러티브, 주제의 컨텍스트 안에서의 반복입니다. 똑같은 장르 내에서의 영화들은 어떤 기본적인 특성들을 공유합니다. 장르영화는 익숙한 상황 설정 아래 예상 가능한

---

6) 최미숙, 「한국 기획영화의 장르적 특성에 관한 연구 — 2001~2003년 한국영화 흥행작을 중심으로」, 동국대학교 문화예술대학원 영화영상예술전공 석사학위논문, 2002, 24쪽.

7) Rick Altman, *Film/Genre*, British Film Institute, 1999/2000, p.165.

이야기를 만들어나가며, 친숙하고 일차원적인 인물들을 그리고 있습니다. 장르영화를 보는 것은 새로운 경험이라기보다는 익숙한 경험입니다. 그 영화에서 사용된 공식, 관습, 도상을 관객이 얼마만큼 미리 알고 있느냐에 따라 그 영화에 대한 만족도가 결정됩니다.[8]

영화 제작자들이 장르 법칙을 이용해 영화 상품을 최대로 다양화하고 변화하는 관객의 취향에 보조를 맞춤으로써, 보다 많은 관객에게 어필할 수 있습니다. 이 과정은 보통 두 가지 방법으로 나타납니다. 첫째, 관객을 위해 다양한 장르의 영화를 제작하는 것입니다. 둘째, 장르 그 자체 내에 일종의 변주를 가해 제작하는 것입니다.[9] 기존의 제작 공식들에 익숙해 있는 독자들의 기대에서 크게 벗어나지 않는 한도 내에서, 제작자들은 창조력을 발휘하려 합니다. 한편으로는, 창조가 지나치게 강조되는 경우, 관습에 익숙해 있는 독자들에게 재미를 주지 못하게 됩니다. 다른 한편으로, 관습으로부터 변화가 없게 되는 경우도, 즐거움을 주는 데 어려움을 갖게 됩니다.

---

8) Thomas Sobchack & Vivian C. Sobchack(1997), *An Introduction to Film*, 주창규 외(공역), 『영화란 무엇인가: 영화의 역사·형식·기능에 대한 이해』, 거름, 1998, 206~207쪽.
9) 조종흡, 「장르, 헤게모니 그리고 관객」, 『영화연구』, 20호, 한국영화학회, 2002, 349쪽.

장르영화의 반복과 변주는 반복적 형식과 비판적 요소의 결합을 통해 전통과 변화를 동시에 원하는 관객의 기대를 충족시키고자 합니다. 장르영화와 관객의 교섭은 장르의 예정되고 일정한 가치가 부과된 내러티브 시스템에서 영화의 변주를 얼마나 잘 이끌어 내느냐와 결부되어 있습니다. 관객들은 상업적이고 표준화된 장르영화를 통해서, 즉 동일함만을 반복하는 장르영화를 통해서 쾌락을 느끼기도 하지만, 그 동일함을 지각하는 순간 반복적인 형식 이면에 숨겨져 있는 비판적 요소를 지각하기도 합니다.[10] 제작 공식, 관습을 바탕으로 한 장르는 전통에 충실하면서도, 변화해 가는 관객들에 부응하고자 합니다. 그래서 장르는 변화하게 되고, 새로운 장르의 출현에까지 이르게 됩니다. 장르는 생성, 변화, 해체, 재생성의 단계를 반복합니다. 사회 변화를 잘 포착하고 사회가 잉태하고 있는 '집단적 무의식'에 얼마나 다가갈 수 있는가 하는 점이 장르의 성패를 가름합니다.[11]

---

10) 최미애, 「장르 비평에 대한 연구」, 동국대학교 대학원 연극영화학과 석사학위논문, 1994, 88쪽.
11) 원용진, 앞의 글, 129쪽.

3. 장르의 대중성: 사회적 갈등 중재 전략

장르영화의 내러티브에서 공통적으로 반복되고 인기 있는 유형은 핵심적인 문제들이 해결하기 힘들다는 것을 암시합니다. 우리는 균형 상태에 이르기까지 계속되는 반복, 즉 특정한 장르의 공식화된 요소로서의 내러티브의 반복에 대한 논의를 통해, 장르영화가 전반적으로 제기하고자 하는 핵심적인 문제들을 도출할 수 있습니다. 내러티브상에서 계속 반복되고 인기가 있다는 것은 해결 불가능한 문제라는 것을 암시하지만, 영화에서는 아주 손쉽고 비현실적인 방법인 문제-해결식 구도로 현실의 모순을 은폐합니다. 공동체의 규율에 복종하는 개인들이 체험하고 있는 억압 속에서 사회의 지배력에 의해 합병됨으로써 사실상 은폐의 전략을 내세웁니다.

내러티브 전략과 사회적 기능의 관계에서 볼 때, 장르가 가치와 태도의 대립적 체계를 담고 있으며 관객들의 모순된 욕구를 충족시켜 대중성을 확보합니다. 장르들이 기본적인 문화적 갈등을 반복해 제기하며 뚜렷한 문제해결 전략을 보여주지만, 장르들이 맹목적으로 지금 그대로의 문화를 지지하지는 않습니다. 장르영화는 현실에서는 화합하지 못하는 근본적인 문화적 갈등을 제거하고, 그것을 영화 내에서 성공적으로 해결함으로써, 사회적 갈등을 중재하기 위한 이데올로기적 전략을 제공합니다. 장르가 대중적 인기를 얻는 이유는 장르가 반복해 언급하는 문제가 지속적으로 중요한 의미를 갖고 있으며, 장르의 갈등과 해결이 가치와 태도의 대립적 체계를 담고 있기 때문입니다.

4. 장르와 코미디영화: 희극정신과 집단의 웃음

코미디영화는 '억압받는 대상'입니다. '코미디영화'라는 장르 명칭이 존재하지만, 코미디영화에 대한 평가와 의미작용은 '저속함, 유치함, 진지하게 다룰 필요 없음'이라는 선험적 판단에 의해 실체가 지워진 분야이기 때문입니다.[12] 코미디영화를 고급/저급으로 구분하고 있는데, 이는 질의 문제가 아니라 직접적인 현실 반영과 비판이 가능한가 혹은 불가능한가의 문제로 봐야 합니다. 코미디영화는 관객에게 웃음을 제공하면서 생경한 내용에 대한 심리적 저항감을 희석시켜 공격성을 희석시키는 것이 아닙니다. 오히려 코미디영화는 웃음을 통해 일탈과 저항이라는 공격성이 표출되는 것을 방해받지 않게 만듭니다. 코미디영화의 대중성 확보는 관객의 저급한 취향과 맞아떨어졌기 때문이 아니라, 공격성과 웃음의 결합을 통해 관객의 욕구를 충족시켰기 때문입니다.

---

12) 유지나, 「60년대 한국 코미디: 핵심 코드와 사회적 의미작용」, 한국영화학회, 『영화연구』, 15호., 2000, 284쪽.

코미디영화라는 장르의 내러티브에서 가장 중요한 특징은 바로 해결, 즉 공동체의 질서를 교란시키는 갈등의 해소 노력입니다. 코미디영화의 이데올로기가 가장 명료하게 드러나는 것은 내러티브 차원에서입니다. 내러티브의 결말은 대립을 제거하거나 혹은 단순화함으로써 모순을 부인합니다. 모든 코미디영화가 발단에 심각한 문제를 제시하고, 결말에 그 문제를 해결합니다. 이런 구조는 필연적으로 코미디영화의 특성 중 하나인 해피엔딩으로 이어집니다. 현실의 심각한 문제는 해결되고, 공동체는 찬미되고, 지배계층의 논리에 맞는 동질화, 합병으로 끝이 납니다. 코미디영화에서 지배층의 이해관계를 보편화시키려는 시도는 작품의 전반적인 플롯과 주제에서 지배적인 논조로 제기됩니다. 공식적, 지배적 문화가 동질화시키려고 하는 통합력이 문제의 해결과 갈등의 해소로 나타납니다.

　　동시에 코미디영화는 기존 사회의 타락하고 모순된 관념과 계급관계를 타파하고자 하는 정신으로 이루어져 있습니다. 계급적인 억압이 있는 상황에서 그 억압으로부터 벗어나고자 하는 강렬한 욕구를 뛰어난 희극적 방식을 통한 해학과 풍자로써 표현하고 있습니다. 코미디영화는 심각한 문제를 가볍게 다루기, 혹은 가벼운 문제를 다루면서 내면에 그 심각성을 얹어 놓는 방식으로 당대의 문화적 특성을 반영하고 있습니다. 코미디영화는 직접적인 현실 반영과 비판이 불가능한 상황에서는 변장의 기능과 희극성을 통한 간접적인 방법을 택합니다. 이때 비판의 대상들을 그들이 지향하는 사회로부터 추방하는 것이 아니라 함께 참여시킨다는 점에서 '희극정신'은 더욱 빛납니다. 코미디영화의 희극성은 '심리적 비용의 절약이나 경감'[13]이라는 관점과 연관됩니다. 즉 자신이 부딪힌 난처한 상황을 웃음으로 받아넘김으로써 문제를 해결하고자 하는 것입니다.

코미디영화가 흥행한 것은 '집단의 웃음'과 관계되므로, 이는 사회적 현실, 관객의 욕구와 밀접한 관련을 맺습니다. 코미디영화에서 웃음이라는 현상은 그 자체로 강한 사회성을 띠고 있습니다. 웃음의 완전한 의미는 작품 속에 내재된 웃음의 장치와 특정 시대·사회의 실제 관중의 집단적 영혼이 접합되는 곳에서 찾아져야 합니다. 관객의 웃음은 감독의 웃으려는 의도에 그대로 종속되는 것이 아닙니다. 감독의 의도를 한편으로는 받아들이고, 다른 한편으로는 변경시켜, 관객은 시대, 사회, 집단의 웃음을 결정짓습니다. 코미디영화에서 웃음의 긍정성은 '있는 현실'과 '있어야 할 현실' 사이의 괴리에서 창출되는 '초탈의 웃음'이라는 것입니다. 코미디영화는 인생의 가능성에 대한 우리의 의식을 확대하기 때문에

---

13) Sigmund Freud, *Der Witz und seine Beziehung zum Unbewußten*, 1905, 임인주(역), 『농담과 무의식의 관계』, 열린책들, 1997, 166~167쪽.

해방적인 효과를 가집니다.

장르는 보증된 생산품을 기다리고 있는 고객에게 전달하는 특정한 공식들의 그물망입니다. 관람객들을 위해 구성된 이미지 및 내러티브들과 맺고 있는 관람객들의 관계를 규정함으로써, 그것은 의미의 생산을 확실하게 합니다. 장르는 그 장르 자체를 소비하기에 적합한 관객층을 구성합니다. 그래서 장르는 욕망을 구축하고, 그다음에 그 장르가 촉발해왔던 만족을 제시해줍니다.14) 코미디영화에서 관객은 인물과 관객과의 관계에서 우월한 상황에 있기 때문에, 즉 인물이 알지 못하는 사실을 관객이 알고 있기 때문에 희극적인 기능을 갖게 됩니다. 그래서 코미디영화의 즐거움은 관객과 텍스트 사이의 상호작용과 관객의 적극적인 참여와 관계되어 있습니다.

5. 스크루볼 코미디: 사회 · 경제적 갈등과
성적 대립과 구애

코미디영화의 하부 장르 중 하나인 '스크루볼 코미디(Screwball Comedy)'는 미국이 정치·경제적으로 힘들었던

---

14) Dudley Andrew(더들리 앤드루), 『영화 이론의 개념들』, 김시무 외(공역), 시각과 언어, 1995, 163쪽.

공황기인 1930년대에서 2차 세계대전 전까지 유행했습니다.[15] '스크루볼(screwball)'은 '괴짜', '별난', '엉뚱한'이라는 뜻입니다. 빈부 격차나 신분 격차가 큰 남녀 주인공이 나와 재치 있는 대사로 갈등과 애증을 보여줍니다. 처음에는 갈등의 폭이 커지지만, 결국엔 행복한 결말에 이릅니다. 상류 사회를 그린 속도감 넘치는 로맨스 영화를 재구성함으로써, 스크루볼 코미디는 불황기의 코미디영화를 지배했습니다. 스크루볼 코미디영화라는 하부 장르는 미국의 여성이 경제적, 사회적으로 힘을 얻게 된 시기, 즉 여성의 사회 진출로 나타난 직장 여성이라는 새로운 집단적 존재에 대한 거부감과 수용이 이루어진 시기에 만들어집니다. 그래서 여주인공들은 남성처럼 독립적이고 진취적으로 행동하면서도 여성적인 재치와 지성을 부각시킵니다. 이 시기 많은 영화들이 아름답지만 사회에 길들여진 여성 인물 유형과 도덕적으로 타락한 여자 인물들을 많이 등장시킨 것에 비교하여, 스크루볼 코미디의 여성상은 상당히 진보적인 흐름을 보여 줍니다.

이전에 상류사회를 다룬 로맨틱 코미디영화들의 주된 가치관은 관객 대중들과는 거리가 먼 세계의 것이었습니다. 이렇게 분리된 두 세계, 즉 상류사회와 일반 대중들과의 이데

---

15) 유지나b, 「90년대 로맨틱 코미디의 욕망기계 장치, 그 전략과 음모」, 120쪽.

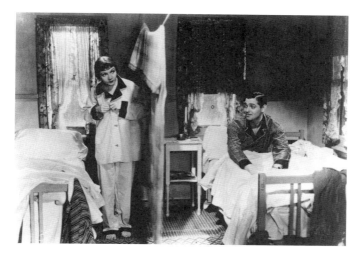

[사진] 〈어느 날 밤에 생긴 일〉 피터와 엘리가 커튼을 치고 밤을 같이 보내는 장면

올로기적 거리가 프랭크 카프라의 〈어느 날 밤에 생긴 일〉(It Happened One Night, 1934)에 와서야 비로소 효과적으로 해소됩니다. 이 영화는 할리우드의 로맨틱 코미디의 전통을 효과적으로 재구성해 새로운 영화적 경지를 선보이면서, 스크루볼 코미디의 전형이 된 주제와 스타일을 확립했습니다. 백만장자의 딸 엘리와 가난한 신문기자 피터가 싸우면서 사랑하게 되는 관계가 되는데, 이를 사회, 경제적 차이를 통해 그려내고 있습니다. 이렇듯 스크루볼 코미디는 자신의 정체성을 공황기 미국의 사회, 경제적 갈등을 통해 성적인 대립과 구애를 다루는 내러티브 패턴에서 구하고 있습니다.

제2장 코미디영화의 인물

1. 네 인물 유형: 기만적인 자, 자기 비하자, 익살꾼, 촌뜨기

　코미디적인 인물은 기만적인 자 알라존(alazon), 자기 비하자 에이론(eiron), 어릿광대 보몰로코스(bomolochos), 촌뜨기 아그로이코스(agroikos)라는 네 가지 유형이 있습니다. 알라존과 에이론은 대부분의 희극에서 각각 상반되는 캐릭터로 등장하는 붙박이 인물들입니다.16) 알라존은 허풍을 떨면서 상대방을 속여 그의 목적을 달성하려고 하는 반면, 항

---

16) Northrop Frye, 앞의 책, 338~339쪽.

상 약자로 등장하는 에이론은 왜소하지만 교활하고 약삭빠릅니다. 에이론은 자신의 힘과 지식을 숨기고 천진함을 가장해서 알라존과 싸웁니다. 이 양자의 대결에서 관객의 예상을 뒤엎고, 약자이지만 겸손하고 현명한 에이론이 우둔하고 자만에 빠진 알라존을 물리쳐 승리합니다.[17) 코미디영화에서는 자기 비하자 에이론의 계략과 기만적인 자 알라존의 위선이 드러납니다. 알라존과 에이론의 싸움이 코미디의 극적 전개의 기초를 이루며, 어릿광대와 촌뜨기는 코미디적 분위기의 양극을 만들어냅니다.

주인공 에이론은 알라존과는 반대로 자기를 비하하는 인간입니다. 에이론의 유형으로는 우유부단한 형, 꾀바른 노예, 나이 많은 인물 등이 있습니다. 첫째, '우유부단형'은 보통 주인공의 일반적인 유형입니다. 둘째, '꾀바른 노예'는 주인공이 성공을 거두게 계략을 꾸미는 역할을 맡고 있으며, 작가의 의도를 실행시켜서 해피엔딩으로 유도해 주는 역할을 한다는 점에서 희극의 정수입니다. 꾀바른 노예는 로마 코미디에 잘 등장하는 유형으로, 이 인물의 역할에는 심한 변장이 포함되어 있습니다. 셋째, '나이 많은 인물'은 극의 결말에 이르러 되돌아오는 인물로 그다지 관심의 대상이 되

---

17) 이정국, 「영화에서 아이러니의 종류와 그 활용 실례」, 『영화연구』, 22호, 한국영화학회, 2003, 197~198쪽.

지 못하였습니다. 예전에는 '우유부단한 형'이 주인공의 일반적인 유형이었지만, 최근 한국 코미디영화의 주인공은 적극적이고 계략을 꾸미는 '꾀바른 노예' 유형이 점점 많아지고 있습니다.

적대자 알라존은 기만적인 인물, 즉 자기를 실제 이상의 존재인 것처럼 가장하거나 혹은 그렇게 되고자 애쓰는 자입니다. 자신의 이런 갈등으로 주변사람들에게 잔소리를 해댑니다. 태어나면서부터 에이론의 희생물의 하나로 운명 지어집니다. 알라존의 유형으로는 잔소리 심한 아버지, 허풍선이 병사 등이 있습니다. 첫째, '잔소리 심한 아버지'는 알라존 무리 중에 중심적인 위치를 차지하고 있는 자입니다. 둘째, '허풍선이 병사'는 '잔소리 심한 아버지'를 대리하는 인물들 중 하나이며, 행동보다는 말이 많은 인물입니다. 예나 지금이나 적대자 유형으로는 '잔소리 심한 아버지'가 압도적으로 많으며, 자신이 정해 놓은 규범이나 원칙을 주변 인물에게 강요함으로써 갈등의 원인을 제공합니다. 나중에 알라존의 이런 기만적이고 위선적인 행동은 에이론으로 인해 폭로되어, 주변 인물들로부터 조롱을 당합니다.

2. 에이론: 우유부단한 인물에서 꾀바른 노예로

코미디영화에서 주인공과 여주인공은 보통 관객의 동일시

대상입니다. 예전에는 주인공과 여주인공이 천성이 선한 인물로 설정되었습니다. 주인공은 상층계급의 남자로 우유부단한 형이 많았으며, 그는 자신의 하인인 꾀바른 노예의 도움을 받아 문제를 해결합니다. 마찬가지로 여주인공도 상층계급의 여자로 우유부단한 형에 속하는 인물이 많았습니다. 여주인공의 성격은 위급한 상황에 닥쳐 어찌할 바 몰라 당황하며, 중요한 상황에서 결단력이 부족합니다. 여주인공은 항상 자신이 처한 어려움에 대해 소극적이고 순종적으로 임합니다. 이런 우유부단한 여주인공은 주인공이나 조력자의 도움으로 문제를 해결합니다.

　최근 코미디영화에서는 우선, 주인공은 우유부단한 형에서 꾀바른 노예 유형으로 변하고 있습니다. 주인공으로 등장하는 인물은 대부분 하층계급의 남자이며, 꾀바른 노예 유형이 많이 나타납니다. 예전에 이 꾀바른 노예는 우유부단한 형에 속하는 주인공을 도와주는 조력자로 등장했습니다. 최근 코미디영화에서는 대부분의 주인공들이 꾀바른 노예라는 점에서 삶에 대한 적극적인 개척의지를 반영합니다. 꾀바른 노예의 성격은 자기를 낮추고 자신의 계략을 감추며, 기지가 있어 위급한 상황에 임기응변으로 위기를 모면하고 결단력이 있습니다. 꾀바른 노예 유형은 사회에 대해 강하게 비판하면서도 자신이 직접 상황을 개척해 나가며, 계략을 쓰기 때문에 상황에 따라 태도를 달리하는 이중성이 나타납니다.

다음으로, 최근 코미디영화에서는 여주인공도 마찬가지로 우유부단한 형에서 꾀바른 노예 유형으로 변하고 있습니다. 여주인공도 하층계급 여성으로서 꾀바른 노예 유형이 많이 나타나며, 자신의 문제를 적극적으로 해결하여 오히려 주인공에게 도움을 주거나 주인공을 이끄는 진취적인 여성으로 설정됩니다. 그래서 이러한 여주인공이 적대자뿐만 아니라 주인공에게 계략으로 골탕을 먹이거나 자신의 의지를 관철시키는 플롯이 전개되기도 합니다.

3. 알라존과 촌뜨기: 위선과 고지식함 조롱

　그리고 적대자로 등장하는 인물은 대부분 상층계급 남자이며, 기만적인 자인 알라존 중에서도 잔소리 심한 아버지 유형이 가장 많이 나타납니다. 적대자는 위선적이고 기지와 결단력이 없으며, 비판의 대상이라는 점에서 모순적인 사회를 대변하는 인물입니다. 그리고 적대자는 주인공에게 실직, 사기 등의 시련을 주며, 대부분 외도를 한다는 점에서 부도덕하고 위선적인 모습을 보입니다. 적대자의 특이한 점은 권위적인 성격이지만, 아내에게 꼼짝 못하는 약한 남성으로 등장합니다. 적대자 알라존은 권력과 간섭을 남용함으로써 갈등의 주요한 원인을 제공합니다.

　마지막으로, 적대자의 아내는 대부분 상층계급 여자이며,

'촌뜨기'에 해당합니다. 그녀는 완고하고 기지나 융통성이 없으며, 결단력이 있지만 자기의 생각과 원칙에 따라 행동하고 남을 강제합니다. 그녀는 이러한 고지식하고 완고한 성격으로 인해 주변 인물들과 불화를 초래하며, 주인공과 여주인공의 조롱을 받기도 합니다. 영화의 결말 부분에 이르러 자신의 경직된 성격을 반성하고 주변 인물들에게 유연한 태도를 보여 화해의 국면에 접어들게 됩니다. 웃음은 사회에 적응 못하는 경직성과 기계성에 대한 집단의 웃음입니다. 우리를 웃게 하는 것은 타인의 결점이며, 그 이유는 '부도덕성' 때문이 아니라 '비사회성' 때문입니다.[18] 우리를 웃게 하는 것은 세심한 융통성과 민첩한 유연성이 요구되는 상황에서의 어떤 기계적인 경화이며, 웃음은 이에 대한 징벌인 셈입니다.

4. 어릿광대: 비판적 인물의 바보탈 쓰기

코미디영화에서 웃음은 자신보다 열등한 인물에 대한 비웃음이 많다는 점에서 어릿광대 보몰로코스가 많이 나타납니다. 코미디의 필연성은 인간들은 바보들이라는 것입니다.

---

18) Henri Bergson, *Le Rire*, *Essai sur la signification du comique*, P.U.F. 1956, 정연복(역), 『웃음—희극성의 의미에 관한 시론』, 세계사, 1992/1998, 115쪽.

코미디는 어리석음으로 어리석음을 치유합니다.[19] 바보들은 지극히 단순하고 순수하고 천진난만하고 모자라는 인물들이기 때문에 우리를 즐겁게 해줄 뿐 아니라, 은연중에 인간의 약점에 대한 '기밀 누설자'의 역할을 하는 사람들입니다.[20] '겉바보-속똑똑이'인 바보가 '헛똑똑이-속바보'인 다른 인물을 조롱합니다. 바보 인물은 겉으로는 '바보'지만 실상은 '꾀보'로서 정상인도 못하는 일을 해낸다는 점에서, 당대 현실을 풍자하고 비판하는 주체가 됩니다.

바보 인물은 '문제적 바보'이기 때문에 상식을 일탈함으로써 새로운 세계를 열어주는 것이 가능합니다. 그 상식이란 것이 대중의 합의에 의한 것이 아니라 일반적인 상부하달식 강요에 의한 것이라면, 상식을 무너뜨림으로써 그러한 모순을 비판하게 됩니다. 코미디영화는 현실을 벗어난 규범이나 이상한 것, 기괴한 것, 일탈적인 것을 다룹니다.[21] 바보는 사회로부터 일탈된 사람이며, 자신들에게 알맞은 성향이나 행

---

19) Wylie Sypher, "The Meanings of Comedy", Wylie Sypher(ed.), *Comedy*, Doubleday Anchor Books, Doubleday & Company, Inc. Garden City, New York, 1956, p.222.
20) 최금임, 「바보설화 연구」, 전북대학교 교육대학원 국어교육, 2000년 2월, 18쪽.
21) Steve Neale & Frank Krutnik, *Popular Film and Television Comedy*, 1990, 스티브 닐·프랑크 크루트니크, 『세상의 모든 코미디』, 강현두(역), 커뮤니케이션북스, 2002, 17~18쪽.

동양식이 문화제도 속에서 지지를 받지 못하여 개인적 딜레마에 빠진 사람들입니다. 그래서 바보는 전체의 핵심적 요소를 지니고 있는 괴짜이며, 상식적 잣대를 무너뜨리거나 깨뜨리거나 현실의 고정관념을 부수는 문제적 바보입니다. 이러한 바보의 역할은 바로 의미를 무의미로 바꾸는 것 혹은 무의미를 의미로 바꾸는 것입니다. 특히 주인공이 바보일 경우 비판에 따른 보복을 피할 수 있다는 점에서, 관객은 무의미 속의 의미를 우월감을 갖고 부담 없이 즐기며, 상식과 규범의 의미를 무의미로 바꾸며 희화화할 수 있습니다.

바보 이야기는 힘든 현재와 불투명한 미래에 대해 불안해하는 관객에게 새로운 각성, 다양한 가능성, 밝은 희망을 제시합니다. 관객은 바보에게는 존엄과 권위가 없고 무지하기 때문에 바보인 주인공을 마음껏 조롱하고, 바보가 상층계급 인물들을 조롱하고 풍자하는 것에도 마음껏 동참하게 됩니다. 바보는 일종의 면책권입니다. 바보라는 가면 쓰기를 통해 바보의 우행을 비웃은 것이지 가부장제나 체제의 모순을 비꼰 것이 아니라는 식의 시치미 떼기가 가능합니다. 바보 이야기는 웃음을 통해 관객을 자기편으로 끌어들이고, 관객은 아무것도 잃지 않고 마음껏 비판할 수 있게 됩니다. 바보는 천진난만함을 가장해 사회를 마음껏 비판하고, 그 비판 이후의 결과에서 자유로울 수 있습니다. 천진난만함은 검열 강도를 영점으로 내릴 수 있기 때문에 사회에 대한 비판이 가능해집니다.[22] 그래서 교양 없는 성인인 바보가 가지는 천진난만함으로 인해 웃음이 창출됩니다. 바보의 천진난만함으로 관객은 자신의 억제비용을 절약함으로써 웃게 됩니다.

5. 코미디영화의 인물 유형 텍스트

1960년대 바보 인물 영화인 심우섭 감독의 '팔푼이 3부작', 즉 〈팔푼이 사위〉(1968), 〈팔푼 며느리〉(1968), 〈팔푼 부부〉(1969)는 팔푼이, 즉 바보 인물이 주인공입니다. 이 영화에서 바보 인물의 승리는 상층계급 남성의 가부장제와 부도덕성에 저항하는 하층계급의 승리를 의미합니다. 하층계급 바보인 주인공은 자기 자신을 실제보다 깎아내리며 줄여 말하는 자기 비하자인 반면에, 상층계급 남성인 적대자는 자신의 능력이나 지식을 실제보다 과장하는 허풍장이입니다. 높은 신분의 능력 열등자와 낮은 신분의 능력 우월자 사이의 갈등에 있어서, 지배계층과 남성에 대한 직접적인 공격을 꺼리게 됩니다. 그래서 이 세 편의 바보 인물 코미디영화에서는 비판적 인물에게 바보탈을 씌움으로써 상층계급의 위선과 허위의식을 마음껏 비판함과 동시에 화해와 갈등으로 끝을 맺어 낙관적 세계관을 보여줍니다.

---

22) 프로이트, 앞의 글, 241쪽.

[사진·영상] 〈졸업〉 벤이 수영장과 호텔을 오가는 장면

코미디영화에서 인물 유형은 대부분 에이론형과 알라존형
이 많으며, 이 두 유형의 갈등으로 플롯이 전개됩니다. 마이
클 니콜스의 〈졸업〉(The Graduate, 1967)은 우유부단한 에
이론형의 청년 세대와 잔소리 심한 알라존형의 부모 세대의
갈등을 다루는데, 청년 세대가 부모 세대의 가치관에 반기를
듭니다. 우디 앨런의 〈애니 홀〉(Annie Hall, 1977)은 잔소리
심한 알라존형인 주인공과 우유부단한 에이론형인 여주인공
이 갈등하며, 주인공이 끊임없이 현실을 비판하지만 동시에
자신도 비판과 조롱의 대상이 됩니다. 크리스 콜럼버스의
〈미세스 다웃파이어〉(Mrs. Doubtfire, 1993)에서는 에이론
중 꾀바른 노예 유형인 주인공이 변장을 하여 잔소리 심한
알라존 유형인 여주인공을 속이지만, 자기 꾀에 자기가 넘어
가는 상황의 아이러니로 남녀 모두 조롱과 비판의 대상이 됩

[사진] 〈애니 홀〉 애니가 가재로 앨비를 놀리는 장면
[영상] 〈애니 홀〉 앨비와 애니가 거리에서 헤어지는 장면

[사진·영상] 〈미세스 다웃파이어〉 다니엘이 춤추는 장면

니다. 올리비에르 나카체, 에릭 토레다노의 〈언터처블: 1%
의 우정〉(Intouchables, Untouchable, 2011)에서는 꾀바른

[사진] 〈언터처블: 1%의 우정〉 드리스가 필립과 달리는 장면
[영상] 드리스가 필립의 생일 파티에서 춤추는 장면

노예 유형에 속하는 주인공 두 명이 함께 사회의 규범을 조롱합니다.[23]

　　코미디영화에서 관객들의 웃음을 가장 많이 창출하는 유형은 바로 어릿광대형에 속하는 바보인물입니다. 코미디영화는 열등한 인물에 대한 비웃음이 많다는 점에서 이러한 바보인물이 많이 나옵니다. 피터 패럴리, 바비 패럴리의 〈덤 앤 더머〉(Dumb & Dumber, 1994)에서는 로이드와 해리가 바보인물로 등장하여 모자라는 행동으로 끊임없이 웃음을 창출하며, '덤 앤 더머'는 바보인물의 대명사가 됩니다. 라지

23) 서곡숙·이호 외, 『영화의 장르, 장르의 영화』, 르몽드코리아, 2018, 64쪽.

쿠마르 히라니의 〈세 얼간이〉(3 Idiots, 2009)에서 엉뚱하지만 탐구적인 세 얼간이는 획일적인 교육체계와 대립합니다. 이환경의 〈7번방의 선물〉(2012)에서 6살 지능의 딸바보인 용구는 따뜻한 인간미와 억울한 죽음으로 법체계의 불합리성을 드러냅니다.

제3장 코미디영화의 갈등

1. 코미디영화의 갈등 구조

갈등 구조에서 비극/희극은 비참한 세계/좋은 세계, 죽음/혼인, 대립/화해 등 대립되는 특성을 보입니다. 비극의 공간은 주인공들이 더 어둡고 비참한 세계로의 운동인 반면, 희극의 공간은 주인공들이 더 밝고 좋은 세계로의 운동입니다.[24] 모든 비극은 죽음으로 끝나고, 모든 희극은 혼인으로 끝납니다.[25] 주인공이 사회와 대립하는 것으로 끝나면 비극적이고,

---

24) 홍기영, 『셰익스피어 낭만 희극의 공간 구조』, 형설출판사, 1996, 7쪽.
25) Moelwyn Merchant, *Comedy*, Methen & Co Ltd, London, 1970/1974, 석경징(역), 『희극』, 서울대학교 출판부, 1981, 1쪽.

화해하는 것으로 끝나면 희극적입니다.[26] 비극은 운명의 반전에 있어서 더 좋은 것에서 더 나쁜 것으로 변하는 것인데 반해, 희극은 더 나쁜 것에서 더 좋은 것으로 변하는 것입니다. 아리스토텔레스는 주인공의 상황이 개선되는가 악화되는가에 따라서 '행복의 플롯'과 '불행의 플롯'을 구분합니다.[27] 코미디영화는 결말에서 주인공의 상황이 개선되기 때문에, 코미디 플롯의 전반적인 특성은 상승구도를 이룹니다.

비극의 여성은 순종적이고 무력하지만, 희극의 여성은 강하고 사랑에 적극적이라는 점에서 대립되는 특성을 보입니다. 코미디의 여성들은 흔히 탁월한 언어 사용과 적극적인 성격으로 결혼에 있어 주도적 역할을 합니다. 이들은 사랑에 적극적이며 기지에 찬 순결한 여인들이며, 이들이 구사하는 언어는 극을 해피엔딩으로 이끄는 데 결정적인 역할을 합니다. 반면, 비극의 여성의 경우 강한 성격 혹은 순종적이고 무력한 모습이든 극단적인 성격으로 재현됩니다. 강한 여성의 경우 대개는 비인간적인 인물로서 위협적인 존재가 되지만,

---

26) 임철규, 「문학이 되어버린 비평: 노스럽 프라이의 『비평의 해부』」, Northrop Frye(노스럽 프라이), *Anatomy of Criticism: four essays*, 1957, 『비평의 해부』, 임철규(역), 한길사, 2000, 29~30쪽.
27) Seymour Chatman, *Story and Discourse: Narrative Structure in Fiction and Film*, Cornell University Press, 1978, 김경수(역), 『영화와 소설의 서사구조: 이야기와 담화』, 민음사, 1999, 101쪽.

선한 여성의 경우 무력하며 자신의 의사를 당당하게 펼치지 못하는 경향이 있습니다. 결국 이들은 성적 순결성 혹은 선악과는 관계없이 비극의 세계에 휩쓸려 파멸하고 맙니다.[28]

코미디영화의 서사구조에서 여러 하위 플롯들에서 세대 갈등, 남녀 갈등, 빈부 격차는 사회 통합을 방해하는 기능을 하다가, 결말의 대화합으로 일시에 해소되어 주제를 강화합니다. 스크루볼 코미디영화는 남자와 여자의 대립이 영화의 주플롯으로 기능하지만 이 둘의 결합이 결말을 이루면서, '가족의 회복'과 '사회의 통합'을 주제로 하고 있습니다. 그리고 가족 코미디영화에서 남자와 여자의 대립은 극을 희극적으로 만드는 보조플롯이고, 결말은 남녀의 결합이라기보다는 가족의 확장-통합입니다.[29] 성적이고 이데올로기적인 분쟁들이 마술적으로 해결되는 결말은 코미디영화라는 장르와 관계가 있습니다.[30] 대부분의 코미디영화에서는 신구 세대의 갈등이 해결되고, 또한 모든 인물들을 결혼과 통합의

28) 강희경, 「*Pericles* 연구: 여성인물을 중심으로 본 가족과 권력의 관계」, 『고전·르네쌍스 드라마』, 제7호, 1999년 봄, 고전·르네쌍스 드라마 한국학회, 9쪽.

29) 김윤아, 「60년대초의 한국 가족희극영화 연구」, 동국대학교 연극영화학과 석사학위논문, 1995, 17쪽.

30) 오은실, 「한국영화에 나타난 희극성 연구—사회상의 반영에 따른 특성을 중심으로」, 동국대학교 대학원 연극영화학과 석사학위논문, 1993, 11쪽.

상태(전형적인 해피엔딩)로 이끌어줍니다.[31)]

여기에서 중요한 것은 '누가 승리하는가'입니다. 코미디영화에서 남녀 간의 로맨스는 항상 '아버지'나 '사회 체제'가 장애물로 등장합니다. 연인들에게는 극복해야 할 끊임없는 장애물들이나 오해들, 즉 연인들을 떼놓으려는 부모들, 오해된 정체성들, 마음이 좁은 질투들이나 일시적인 라이벌들, 강요된 부재들, 금전적인 문제들이 있습니다. 코미디영화의 서사구조에서 젊은 주인공은 젊고 아름다운 연인을 원하고, 그의 욕망은 아버지나 그 대리자의 반대에 부딪치며, 결말에서 일어나는 플롯의 반전으로 주인공은 마침내 바라던 것을 성취하게 됩니다. 장애물은 대개의 경우 양친이기 때문에 희극은 종종 이들과 아버지의 의지의 충돌이 축이 되어 전개됩니다. 주인공이 바라는 것을 반대하는 자가 부친이 아닌 경우에는 대개 기존사회에 대해서 부친과 아주 흡사한 관계를 맺고 있는 자입니다. 대부분 장애물인 아버지가 조롱의 대상이 됩니다. 따라서 코미디영화는 대체로 관객 중에서도 젊은 층을 비호하는 쪽으로 흐르게 되고, 그리하여 코미디영화에는 어느 사회이든 나이가 든 노년층은 무언가 도착적인 면이 있다고 느끼게 하는 경향이 있습니다.

---

31) 정재형a, 「르느와르 영화의 희극성 연구―〈게임의 법칙〉(1939)과 〈프렌치 캉캉〉(1954)의 텍스트 분석을 중심으로」, 『영화연구』, 13호, 한국영화학회지, 1997, 340쪽.

화합과 해결에서 누가 승리하느냐에 따라 의미가 달라집니다. 첫째, 상층계급과 하층계급의 갈등에서, 하층계급은 상층계급에 통합됩니다. 경제적 상황으로 인한 계급 갈등은 승진, 복직, 취직 같은 결말, 난관을 극복한 연인 간의 결혼을 포함한 가족의 화합이라는 결말로 이어져, 부조리한 현실을 풍자하다가 그 현실에 희망을 갖는 순응적인 해피엔딩으로 해결됩니다. 둘째, 남자와 여자의 갈등에서, 강한 여자는 순종적으로 변하고 약한 남자는 권위를 되찾음으로써 결합됩니다. 강한 여자는 반드시 남편의 외도, 죽음, 성폭행, 조롱, 이별, 무지 등으로 처벌되거나 아니면 교정됩니다.32) 셋째, 젊은 세대와 기성세대의 갈등에서, 기성세대를 비판하던 젊은 세대는 기성세대와 화합합니다. 그래서 세 가지 측면의 갈등은 상층계급, 남자, 기성세대의 승리로 끝난다는 점에서 지배계급에 순종하고 통합되고 동질화됩니다.

2. 계급 갈등과 세대 갈등: 하층계급의 계책과 상층계급에 대한 조롱

하지만 코미디영화는 세 가지 갈등, 즉 계급 갈등, 세대 갈

---

32) 양현아, 「호주 제도의 젠더 정치: 젠더 생산을 중심으로」, 『한국여성학』, 제16권 1호, 한국여성학회, 2000, 75쪽.

등, 젠더 갈등을 통해 지배계급에 대한 비판과 조롱을 드러냅니다. 코미디영화에서 보통 젊은 세대의 하층계급 남성과 기성세대의 상층계급 남성 사이의 갈등을 보여줌으로써 계급 갈등과 세대 갈등을 함께 드러냅니다. 이런 계급 갈등과 세대 갈등을 통해 하층계급의 계책과 상층계급에 대한 조롱을 보여줍니다.

우선, 계급 갈등과 세대 갈등은 상층계급의 억압과 하층계급의 조롱을 보여줍니다. 영리한 하층계급 남성 주인공은 어리석은 상층계급 남성 적대자와 대비됩니다. 하층계급 남성은 전체적으로는 순종하지만 부분적으로는 저항하는데, 이것이 바로 '부분적 독자성'입니다. 주인공과 적대자는 둘 다 이중적인 성격을 보입니다. 주인공의 이중적인 성격은 억압적 상황에서의 생존본능과 생명력에서 비롯된 것이기 때문에 비판의 대상이 되지 않습니다. 반면에, 적대자의 이중적인 성격은 자신의 이상적인 자아와 현실적인 자아가 갈등하는 데서 기인하며, 기만적이고 위선적인 성격으로 이러한 갈등을 은폐하고자 한다는 점에서 비판의 대상이 됩니다. 적대자들은 대부분 부정, 타락과 연관되기 때문에, 적대자의 이중성은 바로 상층계급의 부도덕성과 위선을 의미합니다. 코미디영화는 영리한 자와 어리석은 자의 대비를 통해서 기존의 고용관계로 이루어진 계급 질서를 전도시킵니다. 대중인 관객은 하층계급인 주인공과 자신을 동일시하여, 주인공이 상층계급을 속이고 조롱할 때 함께 참여함으로써 쾌감을 느끼게 됩니다.

다음으로, 계급 갈등과 세대 갈등은 계책을 통한 하층계급의 승리와 상층계급의 위선을 보여줍니다. 계책과 계략은 계획적으로 상대방을 골려주는 것으로 상대의 고민이나 취약점을 이용한 것이기 때문에 상대는 말려들기 쉽습니다. 하층계급은 계책, 계략, 변장 등을 이용해서 상층계급을 패배시키고 조롱합니다. 상층계급이 하층계급의 계책으로 진실을 파악하지 못하고 상대에게 속아 낭패를 보는 등의 뒤바뀐 상황이 웃음을 만들어 냅니다. 코미디영화는 갈등을 통해 피지배 계층이 승리하고 지배계층이 패배하는 것을 보여줍니다. 이를 통해 생계를 걸머쥐고 피지배계층을 억압하는 지배계층에 대한 강한 비판의식을 보여주며, 동시에 현실의 관계를 코미디영화에서나마 전도시키고 있습니다. 현실에서는 사실상 상층계급이 하층계급을 억압하기 때문에, 코미디영화에서의 이러한 관계의 전도는 관객의 즐거움을 창출합니다.

마지막으로, 계급 갈등과 세대 갈등은 상층계급의 신분적 특권, 부도덕성, 허위의식을 비판합니다. 돈이 바로 상층계급의 신분적 특권의 근원이기 때문에, 하층계급이 계책을 통해 상층계급의 돈을 교묘히 빼앗아 자신의 실속을 챙김으로써 실리적인 면에서 승리합니다. 하층계급/상층계급이 지혜로운 자/ 어리석은 자로 대비됨으로써 어리석음에 대한 조롱을 통해 상층계급을 비판합니다. 지배계급의 기만적인 허세, 부도덕한 행동, 과도한 욕심 등에 대한 비판은 코미디영화에서 많이 나타나는 주제입니다. 시대적 격차에도 불구하고 지배계층의 허위, 허영, 횡포에 대한 비판이 공통적으로 나타나고 있습니다. 이때 하층계급은 상층계급의 부도덕성을 폭로하고 비판하는 즐거움을 관객에게 제공합니다.

3. 젠더 갈등: 상층계급 남성의 희화화와 무지 조롱

코미디영화에서는 젠더 갈등을 통해 상층계급 남자의 무지를 조롱하고 희화화합니다.

우선, 젠더 갈등에서는 상층계급 남성의 외도 문제를 제기하여 부도덕성을 비판합니다. 이런 외도 문제에서 아내를 두려워하는 나약한 남편의 성격이 아내와 남편의 보편적 지위의 전도시켜 웃음을 자아냅니다. 부부관계에 있어 공처가의 모습은 겉으로 보이는 남성들의 모습과 다른 이면의 모습, 즉 극히 포악한 아내와 그 아내에게 대항하지 못하는 유약한 남편을 설정함으로써 웃음을 만들어냅니다. 이런 이야기들은 여성과 남성의 지위를 뒤집어 놓음으로써, 공적이고 사회적인 곳에서는 우월한 지위에 있는 남성들을 사적인 곳에서는 언제나 조롱하고 비하시킵니다. 여성들의 시각을 통하여 남성 중심의 사회, 또는 남성으로 상징되는 강자중심적 사회가 지닌 허위에 대해 비판을 가합니다. 약한 남편과 강한 아내는 사회 규범에 대한 비판적인 현실인식과 남성의 허위의식에 대한 여성의 비판을 드러냅니다. 상층계급 남성의 외도에 대한 아내의 강한 반발과 남성의 망신이라는 이야기는 사회의 규범상 비정상이기 때문에 웃음을 유발합니다.

여기에서 중요한 것은 이런 상층계급의 포악한 아내를 가르치는 것이 바로 하층계급 남성이라는 사실입니다. 남편의 외도로 인해 고통을 받는 아내는 하층계급 남성의 조언을 받는데, 대표적인 조언은 바로 얌전하고 순종적인 아내가 되라는 것입니다. 표면적으로는 상층계급 여성과 하층계급 남성이 결탁하여 상층계급 남성의 부도덕과 위선을 비판하지만, 이면적으로는 상층계급 남성과 하층계급 남성 모두가 상층계급 여성에게 순종적인 여성이 되기를 강요하는 가부장적이데올로기가 내재되어 있습니다.

다음으로, 젠더 갈등에서는 자신의 욕망을 기만하는 상층계급 남성을 조롱합니다. 첫째, 상층계급 남성은 욕망이 있지만 감추고자 합니다. 이때 상층계급 남성은 자신의 욕망을 은폐하고 기만하는 위선을 보임으로써 비판의 대상이 됩니다. 둘째, 하층계급이 상층계급 남성인 적대자를 의도적으로 유혹하는데, 그 계략을 모르는 상층계급 남성의 무지가 웃음의 대상이 됩니다. 셋째, 어리석은 상층계급 남성은 애인에게 연정을 느껴 남녀관계로 생각하는 반면에, 영악한 하층계급 애인은 돈벌이의 수단으로 생각해 상하관계로 인식합니다. 적대자는 자신의 외도가 드러날 때, 그의 무지, 부도덕성, 거짓말 등이 함께 폭로되어 희화화되면서 웃음을 창출하게 됩니다.

젠더 갈등에서 강하고 순종적이지 않은 여성에 대한 처벌은 바로 일종의 마녀사냥입니다. 자본주의적 가부장제에 있어서 대지, 여성, 식민지들이라는 대표적인 세 가지 자연의 파괴와 정복이 근대로 발전시키는 데 필요한 대상이었습니다. 특히 여성들은 남성들의 근대화가 진행되는 과정에서 전근대로의 회귀가 강요되었는데, 대표적인 현실이 마녀사냥을 통해 나타납니다.[33] 이렇듯 순종적인 여자에 대한 지지와 강한 여자에 대한 처벌은 '가부장제 이데올로기'로 설명될 수 있습니다. 늙고 아름답지 않으며 자기주장이 세고 능력 있고 적극적 여성은 처벌을 받고, 젊고 아름답고 순종적인 여성은 사랑을 받습니다.[34] 남녀 갈등에서는 여성이 자신의 욕망을 억제하고 남성의 시선으로 자신을 바라봄으로써, 남녀가 갈등을 해결하고 다시 결합하게 됩니다.

젠더 갈등은 결국 남장 여자의 남성성 회복이나 공처가 남

---

33) 이수자, 「몸의 여성주의적 의미 확장」, 『한국여성학』, 제15권 2호, 한국여성학회, 1999, 173~174면.
34) 이선옥, 「여성과 문화읽기」, 『한성어문학』 17호, 1998년 5월, 158쪽.

편의 권위를 인정하고 아내가 가모장의 지위를 내놓고 남편을 섬기는 영처로 변하는 것을 해피엔딩으로 만들어냅니다. 그리하여 현실의 차별을 비판하는 듯하다가 결국 더 크게 현실을 인정하는 모순을 드러냅니다. 여성 관객은 외도를 한 남편이 혼이 날 때 해방감을 느끼는 반면, 남성 관객은 남편의 부도덕성과 아내의 강한 성격이 비판당할 때 죄의식을 씻고 가부장제를 견고히 합니다.

이렇듯 코미디영화의 계급 갈등, 세대 갈등, 젠더 갈등에서는 항상 과정에서 모순과 간극을 보여주는 반면, 결말에서는 항상 해결과 관습적 회귀를 보여주지만, 우리는 결과보다는 그 과정에 주목할 필요가 있습니다. 코미디영화는 억압이 가셔지지 않은 상황에서 그 억압으로부터 벗어나고자 하는 강력한 욕구를 희극적 방식을 통해 표현하고 있습니다. 코미디영화는 사회의 문제점을 직설적인 표현보다 예리하고 정련되고 우회적인 표현으로 풍자하며, 이러한 웃음에는 사회의 불만에 대한 은근한 조소가 섞여 있습니다.

4. 코미디영화의 갈등 구조 텍스트

찰리 채플린의 〈시티 라이트〉(City Lights, 1931)는 계급 갈등과 현실 비판을 보여줍니다. 이 영화에서 떠돌이는 물에 빠진 백만장자를 구해주고 그와 친구가 되지만, 술이 깬 후

[사진·영상] 〈시티 라이트〉 소녀가 떠돌이의 정체를 알자 떠돌이가 슬픈 미소를 짓는 장면

에 백만장자로부터 도둑으로 오인 받습니다. 떠돌이는 술에 취한 백만장자에게 수술비를 받아내어, 꽃 파는 눈먼 소녀에게 건네주고 사라지고 그 소녀는 그를 백만장자로 생각합니다. 친구와 도둑 사이를 오가는 백만장자와 떠돌이의 비상식적이고 희화화된 관계를 통해 미국 대공황 시기의 힘겨운 삶을 드러내고 상층계급의 위선을 비판합니다. 또한 하층계급인 떠돌이의 비참한 생활과 아름답지만 이루어질 수 없는 사랑을 통해 행복/불행, 기쁨/슬픔을 동시에 보여줍니다. 마지막 결말에서 눈을 뜬 소녀가 불쌍한 거지인 떠돌이가 자신의

[사진] 〈바보들의 행진〉 병태가 신체검사를 받는 장면

은인이라는 것을 깨닫는 순간 떠돌이의 슬픈 미소는 영화사
에서 명장면, 명연기로 꼽힙니다.

하길종의 〈바보들의 행진〉(1975)에서는 1970년대 서구
문명과 유신체제의 영향으로 인한 세대 갈등을 보여주고 있
습니다. 이 영화는 1970년대 가장 인기 있는 소설가인 하길
종의 원작을 바탕으로 하고 있습니다. 급격히 전개되는 서구
문명과 경직된 유신체제로 인한 젊은이들의 방황과 우울함
을 그리고 있습니다. 삽입곡인 송창식의 '고래사냥'과 '왜 불
러'는 시위현장에서 자주 불려 금지곡이 되기도 했습니다.
이장호의 〈별들의 고향〉(1974), 김호선의 〈영장의 전성시

[영상] 〈애니 홀〉 앨비가 애니와 교수 사이를 질투해
말다툼을 하는 장면

대〉(1975)와 함께 1970년대 청년영화의 대표작입니다. 검열로 인해 30여 분이 삭제되었지만 흥행에 성공하여, 속편으로 하길종의 〈병태와 영자〉(1979), 이강윤의 〈병태와 영자(속)〉이 제작되었습니다. 이 영화에서는 장발 단속, 막걸리 마시기 대회, 단체 미팅 등 청년문화가 해학과 자조를 띠면서 그려지면서 보수적이고 위선적인 기성세대와 유신체제 하의 암울한 시대 현실을 비판합니다.

〈애니 홀〉에서 앨비와 애니는 세 가지 남녀 갈등, 즉 성적 갈등, 성격적 갈등, 지역적 갈등을 겪습니다. 첫째, 앨비는 매력적인 여성인 애니와 환상적인 섹스를 경험하지만, 섹스에 대한 앨비의 집착은 시간이 지나면서 갈등의 요인이 됩니다. 둘째, 앨비는 애니와의 지적 격차와 성격적 차이를 극복하기 위해 평생교육과 정신치료를 권유하지만, 이로 인해 두 사람이 이별하게 됨으로써, 지식인의 허위, 상황의 아이러니를 보여줍니다. 셋째, 뉴욕에 집착하는 앨비와 캘리포니아를 동경하는 애니의 지역적 갈등을 드러내면서, 폐쇄적인 뉴욕 문화와 경박한 할리우드 문화를 동시에 비판합니다.[35]

황동혁의 〈수상한 그녀〉(2014)는 세대 갈등을 한 육체에

[사진] 〈수상한 그녀〉 오두리가 고등어를 들고 한승우 뒤에서
장난치는 장면
[영상] 오두리가 손자를 위해 젊음을 포기하는 장면

체현하고 있습니다. 욕쟁이 70살 할머니 오말순이 20살 처
녀 오두리로 변신함으로써, 신구 세대의 갈등이 모호해집니
다. 오두리는 20살 처녀의 육체이지만 70살 할머니의 정신
이 담겨 있다는 점에서 이중성을 갖습니다. 매력적인 연출가
한승우가 투박한 말투와 뛰어난 노래실력을 갖춘 오두리에
게 매력을 느끼지만, 오두리는 자신의 본래의 나이를 인식하
고 다가서지 못한다는 점에서 사랑 문제에서는 실패합니다.
하지만, 고지식하지만 의지가 강한 촌뜨기 유형인 오두리가

---

35) 서곡숙·이호(외), 앞의 책, 55~56쪽.

에이론형 중에서도 우유부단한 형에 속하는 손자 반지하에게 힘과 용기를 줌으로써 세대 갈등을 해소하고 연대를 강조합니다. 이런 세대 갈등을 통해 노년세대의 부양문제와 청년세대의 실업문제를 제기하면서, 기성세대의 부도덕함과 무능력함을 비판합니다. 그리고 강한 여성의 적극적인 의지로 문제를 해결하고 있다는 점에서 낙관적인 전망과 즐거움을 보여줍니다.

제4장 코미디영화의 해피엔딩

1. 갈등의 화해: 부정의 부정 플롯

코미디영화에서 해피엔딩은 매우 중요한 관행입니다. 사회 통합의 의미를 지닌 해피엔딩은 코미디의 중요한 특징이기도 합니다. '코미디(comedy)'의 기원은 '잔치놀이 때 노래를 하는 것' 또는 '동네 음유시인'입니다. 코미디는 원시적인 축제에서 번영과 풍요를 기원하는 놀이로 출발했기 때문에 해피엔딩의 결말구조를 취합니다.[36]

갈등의 화해는 코미디영화의 전형적인 특성입니다. 젊은 연인들은 자신들의 결합을 방해하는 장애물들에도 불구하고

---

[36] 이명우, 『희곡의 이해』, 박이정, 1999, 169쪽.

마침내 결혼한다는 것은 신희극의 익숙한 플롯입니다.37) 코미디가 추구하는 새로운 사회의 출현은 흔히 극의 대단원과 결말에 열리는 파티나 축하연으로 나타납니다.38) 그리고 코미디는 새로운 사회를 위한 방해꾼이었던 인물들까지도 추방하기보다는 화해하여 함께 참여하게 하는 것이 그 본질적 의미입니다.39) 갈등은 '부정의 부정 플롯'을 따르고 있어, 코미디영화는 전반적으로 풍자적 특성보다 해학적 특성을 보입니다.40) 코미디는 연인들의 결혼으로 개인과 개인 간 혹은 개인과 가족 및 사회와의 통합을 이루어 관객에게 만족감을 주는 '화해와 조화의 구조'입니다.

코미디영화의 결말에서 주인공들이 이전에 그들과 반대 입장에 있던 사람들의 이해 속에서 행복한 결혼에 이르는 것은 개인의 문제가 해결될 뿐만 아니라 개인과 가족 및 사회가 통합되는 원리입니다. 주인공의 욕망의 장애물이 코미디의 줄거리를 만들고, 이 장애물의 극복이 코미디의 해결을 만들어냅니다. 자기 자신을 부활시키는 삶의 능력을 찬양하

---

37) Gerald Mast, *The Comic Mind*: *Comedy and the Movies*, The University of Chicago Press, Chicago and London, 1979, p.4.

38) Northrop Frye, 앞의 책, 324쪽.

39) 김혜영, 「한국 연극의 희극적 전통에 관한 연구」, 이화여자대학교 대학원 국어국문학과 석사학위논문, 1986, 28쪽.

40) 김인환, 「희극적 소설의 구조 원리」, 고려대학교 대학원 국어국문학과 박사학위논문, 1981, 109쪽.

는 코미디는 모든 코믹한 행위 안에서 연인들이라는 중심적인 존재에 의해서 강조됩니다. 코미디의 결말에 이르러서는 연인들은 행복하게 결합되고, 그리고 끝마치는 어조는 미래를 향한 희망으로 항상 밝습니다.[41]

코미디에서 도피는 '사회의 의무로부터 도피'하는 것이 아니라, 사회로의 참여를 위해 필요한 '사회의 이해 속으로 도피'하는 것입니다.[42] 대리적 정서체험을 통해 '하고 싶은(want to)'과 '해야 하는(should)' 사이의 일상적으로 계속되는 긴장으로부터 도피하고자 합니다. 코미디는 일상에서 우리를 억압하는 다양한 억압기제들을 극복하는 것이 아니라, 그러한 억압들과 함께 살아남아야 한다는 우리의 동물적인 생존 본능을 반영합니다. 코미디는 갈등을 해소시키는 '안전장치'로서 사회통합의 역할을 수행해야 합니다.[43] 관객은 코미디영화 속의 내러티브가 비현실적일지라도 더 밝고 좋은 세계로 가기를 원합니다. 해피엔딩은 사회적 존재로서의 인간이 소망하는 보편적인 관념의 하나입니다.

41) Robert W. Corrigan, *Comedy: Meaning and Form*, Second Edition, The University of Wisconsin—Milwaukee, Harper & Row, Publishers, New York, 1965/1981, 8쪽.
42) 박성봉, 『대중예술의 미학: 대중예술의 통속성에 대한 미학적인 접근』, 동연, 2001, 319쪽.
43) 박경미, 「텔레비전 코미디 프로그램의 여성 묘사에 관한 연구」, 경희대학교 신문방송대학원 석사학위논문, 1995, 2~3쪽.

2. 이중의 유희: 어두운 유리와 보호된 영역

코미디영화의 과정에서는 현실의 모순과 부조리로 가득한 반면, 결말에서는 행복한 결말로 끝납니다. 코미디는 행복하게 끝날지도 모르지만, 그 길을 따라가면 괴로움만 있습니다.[44] 코미디는 '어두운 유리(glass)'를 통해서 우리의 삶을 드러내며, 비극적인 운명을 이겨나가는 우리의 능력을 찬양합니다. 코미디영화는 적대자의 어리석고 순진무구한 행동을 조롱하면서, 동시에 그들이 우리와 똑같은 실수를 한다는 것을 깨닫게 되면서 결말에서 화해할 수 있는 근거를 마련해줍니다.

코미디영화의 해피엔딩은 일상으로 편입해 들어가기 직전의 환상으로 포장된 솜사탕이라는 이중적 속성을 지니고 있습니다.[45] 코미디영화의 인물들은 관객으로 있는 우리가 일상의 삶들 속에서 겪는 똑같은 종류의 사회적인 억압들과 억제들을 경험해야만 합니다. 우리 모두가 의기양양과 에너지

---

44) Robert W. Corrigan, *Comedy: Meaning and Form*, 2nd Edition, The University of Wisconsin-Milwaukee, Harper & Row, Publishers, New York, 1965/1981, 198쪽.

45) 문학산, 「1960년대 한국 코미디 영화에 나타난 사랑의 성공과 한바탕 잔치—김화랑의 〈식모 삼형제〉」, 『영상문화정보』, 2001년 여름호, 한국영상자료원, 2001, 36쪽.

에 대해서 이야기하는 동안, 코미디의 핵심에서 고통, 불화, 충돌, 혹은 위협이라는 조건을 발견하게 됩니다. 코미디 영화들은 고통으로 가득합니다. 그럼에도 불구하고 코미디라는 '보호된 영역' 즉 '고통의 부재'로 특징 지워지는 영역 안에 존재한다는 점에서, 이러한 상황이 개선되고 결말에서 '균형과 평정'을 얻을 것이라 예감합니다.

코미디영화는 부분에서는 사회의 쓴 맛과 괴로움을 맛보게 하며 파괴적, 전복적, 일탈적인 특성을 보이지만, 전체에서는 행복의 거품을 맛보게 하며 희망과 생명력을 불어넣습니다. 코미디영화의 부분/전체에서 드러나는 이중성은 코미디영화의 주요한 특성 중 하나입니다. 코미디영화의 전체에서는 순응적이고 합병적인 측면을 보이는 반면, 부분에서는 비판적이고 저항적인 측면을 보입니다. 이런 이중성은 간혹 어떤 연구자들에 의해서 완결성의 결여나 전복성의 한계로 지적받습니다. 하지만, 실제로는 코미디영화의 장르적 전략이자 본질적 속성으로서 '현실 뒤틀기'와 '현실 뒤집기'가 은폐 전략과 위협의 전략으로 나타나는 것입니다.

코미디영화에서 이중적이고 모순된 의미들은 '이중의 유희'이자 대중성의 근원입니다. 코미디는 희생/향연, 잔인함/페스티발, 논리/방종이라는 플롯 공식의 이중적이고 모순된 의미들을 보존합니다. 코미디영화는 파괴적이고 창조적이며, 고해와 환락이라는 이중적 행위를 존속시킵니다. 코미디는 난폭하게 파괴적인 정신을 향상과 인간의 발전에 대한 희망과 섞습니다. 코미디는 한쪽에서는 인물들의 욕망을 구현하고, 다른 한쪽에서는 관중들의 희망을 구현하여, 근본적인 불안정성을 고발하는 동시에 찬양합니다.

3. 균열: 혼란의 유희와 부활의 정신

코미디영화의 개연성 결여는 갈등이 진행되는 과정과 결말이 이루어지는 해피엔딩 사이에 간극을 만듭니다. 이러한 과정/결과의 간극은 코미디에서 자주 드러나는 특징입니다. 과정에서 사회를 비판하는 목소리를 높이지만 결말에서는 서둘러 문제와 갈등을 해결해야 하기 때문에 이런 모순을 보입니다. 마음껏 공격해서 때로는 쓰디쓴 웃음을 자아내는 소위 사회비판적 코미디도 구조면에 있어서는 한결같이 결말은 행복하게 끝납니다. 과정에서의 '현실 비판'과 결말에서의 '현실 정당화'라는 모순된 측면은 간극으로 나타나고, 이런 간극은 위협적 저항과 은폐적 합병의 틈새를 드러냅니다. 코미디영화들은 문화의 근본적 모순에서 파생된 성적, 이데올로기적 갈등을 화해시키려 했지만, 플롯의 결말을 맺기 위해서 다소 심한 내러티브의 균열을 요구받습니다. 코미디영화에서 갈등이 순식간에 해소되는 결말은 보수적 회귀가 아니라, 오히려 사회통합을 방해하는 모순들이 더욱 강조되는 효과를 낳게 합니다.

코미디영화에서 숨겨진 갈등, 내러티브의 균열, 낙관적 전망, 생존 본능 등 다양한 의미를 내포하는 우연적이고 모호한 해피엔딩은 '혼란의 유희'와 '부활의 정신'을 보여줍니다. 코미디영화는 "다른 모든 할리우드 영화의 장르를 지배하는 동기부여의 규칙과 관행들의 적용에 있어서 예외로 작용"[46] 한다는 특수성 때문에, 임의적이고 모호한 해피엔딩이 가능합니다. 코미디는 게임입니다. 분쟁 해소에서 행복한 결말의 표시이며 불안함에 대항하는 방어체계인 웃음은 해결책들 중에서 가장 사실답지 않지만 가장 원하는 해결책을 위하여 모든 가능한 길들을 만듭니다.[47] 코미디영화에서 개인적인 패배들에도 불구하고 삶은 즐거운 방식을 계속해 나간다는 것을 깨닫는 데서 오는 기쁨은 바로 '부활의 정신'입니다. 위험이 클수록 안정으로의 회귀의 쾌락이 더욱 커집니다. 잘못된 것이 클수록 그것을 바로잡는 데 참여하는 쾌락이 더욱 커집니다. 무질서가 클수록 질서의 복구의 쾌락이 더욱 커집니다.

46) 스티브 닐, 앞의 글, 52~53쪽.
47) Michel Corvin, *Lire la comédie*, 문시연(역), 『희극 읽기』, 문음사, 1998, 324쪽.

4. 해피엔딩: 축제 정신과 낙관적 세계관

코미디영화는 갈등구조에서 화해구조로 이르는 '축제 정신'이며, 개인에게서 집단으로의 적응행위이며, 쓰디쓴 웃음이 아닌 티 없는 웃음을 통해 화해와 용서와 조화의 세계로 돌입케 하는 '통합의 정신'입니다. 코미디는 주인공이 속박의 상태에서 질서와 화합의 상태로 이동하며, 항상 전원 합의와 결혼으로 끝납니다. 코미디의 주인공들이 작품 말에 결혼을 하게 되는 것은 자연의 순환을 따르는 인간행동의 당연한 귀결입니다. 그리하여 코미디의 결말은 결혼식과 같은 축제로 끝나는 경우가 많으며 행복한 결말을 가져야 합니다. 과정상의 전복과 해피엔딩의 화합의 간극만큼 그 갈등이 더욱 전경화되지만, 이런 전복이 가능하게 만드는 것이 바로 해피엔딩이라는 공간이 있기 때문입니다.

코미디영화는 생존하려는 욕구의 억제할 수 없는 생명력을 드러냅니다. 코미디에서 가장 본질적인 것은 '삶에 대한 코믹한 관점'입니다. 코미디의 정신은 삶에 적극적인 힘이 되고 일종의 에너지와 충만함으로 우리의 비극적인 운명을 이겨나가게 만듭니다. 그래서 우리의 운명은 비극적일지도 모르지만 세계 안에서 즐거운 생존자들이 될 수 있도록 삶이 강제한다는 생각을 들게 만듭니다. 그것은 참아내는 인류의 능력이고 코미디의 에너지 원천입니다. 코미디는 '행운의 여신'의 이미지입니다. 우리는 언제나 코미디의 세계가 끈기 있고 무적인 삶의 정신에 의해 보호된다는 것을 알고 있습니다.

코미디영화는 '진실로부터의 도피'가 아니라 '절망으로부터의 도피'입니다. 코미디영화의 핵심 생각들은 익살부리는 것과 고통의 부재입니다.[48] 코미디영화는 해피엔딩을 통해 고통의 해결과 안정감을 제공한다는 점에서 '낙관적 세계관'을 보여줍니다. 해피엔딩은 풍요제와 재생같은 희망과 행복이라는 정서를 결말에 부여하고, 관객이 행복한 마침표를 가슴에 찍을 수 있게 만듭니다. 그래서 우리는 코미디영화를 보며 안전하게 즐기고 쾌락을 느끼며, 희망적이고 낙관적인 세계관을 가지게 됩니다.

5. 코미디영화의 해피엔딩 텍스트

〈졸업〉에서 여자 부모의 반대, 부유하고 능력 있는 약혼자, 여자 엄마와의 부적절한 관계 등의 장애물은 사랑하는 남녀 주인공이 해결할 수 없는 문제입니다. 그래서 벤과 엘레인은 함께 손을 잡고 결혼식장을 도망쳐 나오는 일탈적 행

---

48) Robert W. Corrigan, *Comedy: Meaning and Form*, Second Edition, The University of Wisconsin—Milwaukee, Harper & Row, Publishers, New York, 1965/1981, 9쪽.

[사진·영상] 〈졸업〉 벤과 엘레인이 결혼식장에서 도망친 후 굳은 표정을 짓는 장면

동으로 문제를 해결하고자 합니다. 이러한 문제 해결 방식은 부모세대와의 단절을 의미하며, 사회 구성원이 되기를 거부하고 저항 문화, 히피 문화, 일탈적 삶을 택한 그 당시 청년 세대의 선택을 반영합니다. 마지막 장면에서 버스에 탄 벤과 엘레인은 처음에는 미소를 짓지만, 나중에는 둘 다 무표정한 얼굴로 앞만 바라봅니다. 이 장면은 두 사람의 밝지 않은 미래를 암시합니다.[49)]

김용화의 〈미녀는 괴로워〉(2006)에서 한나는 성형으로 제니로 변신했다는 사실을 드러날 것을 염려해 가족과 친구를 멀리함으로써, 사적 관계와 공적 관계 사이의 딜레마를 보여줍니다. 결말의 해피엔딩을 통해 한나의 개인적 문제가 해결

---

49) 서곡숙·이호(외), 앞의 책, 52쪽.

[사진] 〈미녀는 괴로워〉 날씬한 아미가 뚱뚱한 한나에게
자신과 똑같은 드레스를 입혀 망신을 주는 장면
[영상] 택시기사가 성형 후의 한나를 보고 넋이 나가는 장면

될 뿐만 아니라, 성형 미인을 둘러싼 부정적 인식도 해소한
다는 점에서 사회의 통합으로 이어집니다. 재능은 있지만 외
모에 대한 열등감이 심한 한나가 성형으로 능력을 인정받고
사랑을 이룬다는 점에서 소망을 충족합니다. 한나의 성형으
로 인한 문제는 외모에 대한 차별 등 사회의 억압, 불화, 충
돌을 드러내지만, 한나의 솔직한 고백과 대중의 용서라는 마
지막 해피엔딩을 통해서 균형과 평정을 보여줍니다.

제5장 코미디영화의 웃음

1. 코미디영화의 인물과 웃음

코미디영화의 두 가지 특성은 해피엔딩과 웃음이지만, 웃음의 경우는 거의 논의되지 않고 있습니다. 웃음은 가장 충족된 의식의 지속 상태로서 일반적으로 웃음은 긴장이 풀린 상태에서 발생하는 정서적 반응이며, 풍요한 내면이 밖으로 드러날 때 피어나는 한 송이 꽃으로서 삶의 밝음 위에 자리잡는 감미로운 축복과 같은 것입니다.

코미디영화에서 인물이 창출하는 웃음은 세 가지, 즉 보편적 기준에서 벗어난 외형, 외형과 내면이 대비되는 성격, 비정상적이고 불일치하는 언행에서 비롯됩니다. 첫째, 마르거나 뚱뚱한 인물, 지나치게 남성적이거나 여성적인 외형, 빈부의 격차를 드러내거나 성역할의 규범에서 벗어난 외형으로 웃게 만듭니다. 둘째, 성격적 결함, 외형/내면의 대비, 성격의 완고함·편협함·어리석음, 인물의 외형과 성격의 대조가 웃음을 창출합니다. 셋째, 여성성/남성성, 권위/망신, 현모양처/악처의 대비를 강조하는 언행으로 웃음을 창출합니다.

2. 코미디영화: 웃음의 기법과 원리

코미디영화에서 주요한 웃음의 대상은 상층계급 남성입니다. 웃음의 기법과 원리를 살펴보면, 하층계급의 우회적 비판, 상층계급의 타락·위선의 폭로, 남성의 허세·실수·희화화가 두드러지게 나타납니다.

우선, 하층계급 남성인 주인공은 파격·일탈, 패러디·흉내내기, 말 재담으로 상층계급에 대해 우회적 비판을 가합니다. 주인공은 규범에서 벗어난 직업에 종사함으로써 파격과 일탈로 웃음을 창출합니다. 주인공은 하층계급 남성이기 때문에 인용, 언어유희, 박학다식 등을 이용한 재담은 별로 없는 반면, 상황에 걸맞지 않는 무지함으로 웃음을 창출합니다.

다음으로, 상층계급 남성인 적대자는 재치·사기·속임, 반격·역전, 비꼬기·비판하기, 폭로하기·들추기, 호색음탕·외도 등을 통해서 웃음의 대상이 됩니다. 하층계급인 주인공은 재치·사기·속임수를 통해, 상층계급의 욕망을 드러내어 망신시키거나 돈을 빼앗습니다. 주인공은 반격·역전, 비꼬기·비판을 통해 적대자를 웃음의 대상으로 만듦으로써, 상층계급의 타락한 행위를 폭로하여 지배 계층의 모순을 간접적으로 드러냅니다. 여성은 적대자의 호색음탕·외도, 욕망·위선을 폭로합니다. 상층계급은 대부분 호색음탕·외도와 연관되는데, 이러한 상층계급의 위선과 표리부동함은 코미디의 주요한 웃음의 요소가 됩니다.

마지막으로, 남성들은 허풍·허세, 실수, 희화화를 통해 웃음의 대상이 됩니다. 하층계급 남성은 능력 있는 척 허세를 부리다가 무능력이 드러나고, 상층계급 남성은 용기 있는 척 허세를 부리다가 비겁함이 드러납니다. 하층계급인 주인공의 실수는 긴장에서 오는 반면, 상층계급 적대자의 실수는 자만에서 옵니다. 하층계급 남성은 스스로를 희화화시켜 관객에게 웃음을 선사한다는 점에서 능동적인 희화화인 반면에, 상층계급 남성은 상대방에게 속아서 웃음을 선사한다는 점에서 수동적인 희화화입니다.

3. 코미디영화의 웃음과 다원적 세계관

코미디영화의 웃음 창출 방식에서는 세 가지 실천적 양상,

즉, 현실 비판, 현실 포용, 다원적 세계관이 드러납니다.

우선, 코미디영화에서 웃음은 현실 비판적입니다. 코미디영화는 인물이나 사회, 시대상의 모순과 결함으로 드러나는 갈등에 대해 간접적인 공격을 하여 웃음을 자아내게 하며, 웃음의 대상에게 개선의 의지와 함께 부끄러움을 느끼게 합니다. 코미디영화는 지배계급과 현실에 대한 비판, 반항, 적의를 표현하고, 억압된 감정의 승화, 도피, 긴장 해소, 해방의 역할을 수행합니다. 관객은 하층계급의 바보스러움과 상층계급의 어리석음의 폭로로 심리적인 우월감을 느끼게 되고, 상층계급에 대한 비판으로 긴장감을 해소시킵니다.

다음으로, 코미디영화에서 웃음은 현실 포용적입니다. 웃음은 현실을 관용으로서 비꼬는 아이러니와 익살이 근본 특징으로 되어 있습니다.[50) 코미디영화의 해학적 웃음은 높은 지식, 고상한 취미, 인생에 대한 달관, 정신적인 여유가 있어야 합니다. 웃음은 적의를 점잖게 표현하는 반항의 무기도 되고, 억압된 감정을 승화된 형식으로 표현하는 공격이기도 하고, 도피방법의 하나이기도 합니다. 코미디영화는 현실 비판의 주제의식을 아이러니와 익살을 통해 간접적으로 표현하며 극복, 포용, 화해, 관용, 낙천성, 동화의 역할을 수행합니다.

---

50) 김재석, 『한국 연극사와 민족극』, 태학사, 1998, 223쪽.

마지막으로, 코미디영화의 웃음은 다원적 세계관을 보여줍니다. 즉, 현실에 대한 비판과 화해를 동시에 보여주며, 현실의 허위에 대한 비판, 체념, 절망을 심각한 웃음, 은근한 웃음으로 극복하고자 합니다. 비극은 단일론적 세계관을 지니고 있는 반면, 희극은 이원적 혹은 다원적 세계관을 지니고 있습니다. 웃음은 내면적으로 심각성을 띠는 다원적 모습을 지녀야 의미 있는 것이 됩니다.[51] 코미디영화는 개연성 없는 행위들을 통한 산만한 웃음을 위한 자유로운 무대이며, 전체로 구조화된 상황적 웃음보다는 던져진 각 장면 장면들을 가장 웃기게 만드는 것 자체에 초점을 맞춘다. 이러한 개연성 없는 행위들을 통한 웃음은 현실에 대한 다원적 세계관으로 이어집니다.

4. 코미디영화의 웃음 창출 텍스트

〈졸업〉에서는 소통의 부재/거부와 대조적인 인물 유형으로 웃음을 창출하고 있습니다. 첫째, 세 가지 유형의 소통을 보여줌으로써 인물의 태도를 대비시켜 웃음을 창출하고 있습니다. 벤과 부모 사이에는 소통의 부재를 보여주고, 벤과

---

51) 고현철, 「현대시와 웃음의 의미」, 『시와 사상』, 1995년 봄호, 125쪽.

[영상] 로빈슨 부인이 옷을 벗으며 벤을 유혹하는 장면

로빈슨 부인 사이에는 소통의 거부가 존재하며, 벤과 엘레인 사이에는 소통과 거부가 동시에 나타납니다. 둘째, 바람둥이 유부녀와 순진무구한 청년 사이의 대조적인 태도가 웃음을 창출합니다. 노골적으로 유혹하는 로빈슨 부인과 정중하게 거절하는 벤의 대조를 보여줍니다. 예를 들어, 벤은 집까지 데려다주기, 방까지 데려다주기, 드레스 지퍼 내려주기 등의 로빈슨 부인의 부탁을 불편해하며 거절하고자 하지만, 번번이 실패합니다. 그리고 당황해 하는 벤과 무감각한 로빈슨 부인의 대조를 보여줍니다. 호텔에서 긴장해서 어쩔 줄 모르는 벤과 너무나 태연한 로빈슨 부인의 대조가 웃음을 창출합니다.52)

강형철의 〈써니〉(2011)는 과거 1990년대의 10대 시절과 현재 2010년대의 40대에 대한 비교·대조로 웃음을 창출합니다. 복고풍의 의상과 외모가 현재의 보편적 기준에서 벗어나며, 강해보이지만 소심한 여고생을 통해 성격의 내면과 외면의 불일치와 이중성을 보이며, 서울의 여학교에서 전라도

---

52) 서곡숙·이호(외), 앞의 책, 53쪽.

[사진·영상] 〈써니〉 칠공주와 소녀시대의 욕 배틀 장면

의 욕설을 하는 여고생은 언행의 비정상, 불일치를 보여준다
는 점에서 웃음을 창출합니다. 이 영화는 규범을 강요하는
고지식한 기성세대를 비판하며, 죽어가는 여성이 단짝 친구
를 돕는다는 설정에서 현실 포용적 특성을 보이며, 친구들의
다양한 개성과 가치관을 인정해준다는 점에서 다원적 세계
관을 보여줍니다.

〈킬러의 보디가드〉(The Hitman's Bodyguard, 2017)는
유능한 보디가드 마이클이 자신의 숙적 킬러 킨케이드의 경
호를 맡는다는 아이러니한 상황이 극적 쾌감을 불러일으킵
니다. 특히 팬티-성기, 술통-성기, 수녀-콘돔, 연애고자 등

[사진] 〈킬러의 보디가드〉 마이클과 킨케이드가 수녀들과
함께 앉아 있는 장면
[영상] 마이클과 킨케이드가 악당들에게 쫓기는 장면

에 대한 성적 유머는 인물의 대조적 성격을 강조함으로써 극
적 재미와 웃음을 창출합니다. 킨케이드는 팬티를 안 입으면
덜렁거려서 좋은데 마이클이 팬티를 입히는 바람에 계속 끼
여서 불편하다고 투덜거립니다. 또한 자동차에서 볼일을 해
결하라며 마이클이 납작하고 조그마한 술통을 건네자, 킨케
이드는 마이클은 그 통에 맞을지 모르지만 자기에게는 작다
며 놀립니다. 킨케이드는 "수녀 콘돔도 너보다 쓸모가 있겠
다"며 마이클을 구박하고, 사랑하는 여자에게 자기의 마음을
고백하지 못하는 마이클에게 "연애고자"라고 빈정대는 등
자신의 성적 능력과 마이클의 무능력을 대비시킴으로써 웃
게 만듭니다.

제6장 코미디영화의 아이러니

1. 아이러니: 의미된 것과 표현된 것의 이중의미

'아이러니(irony)'는 예상 밖의 결과가 빚은 모순이나 부조화입니다. 아이러니는 '주장과 사실 사이의 괴리'라는 뜻이 들어 있으며, 말하는 사람이 나타내고자 하는 숨겨진 의미가 그가 겉으로 주장하는 의미와 다른 진술입니다. 아이러니는 의미상의 차이를 표시하는 것으로서 반어법이며, 하나의 기표(signifier)와 두 개의 기의(signifieds)가 있습니다. 이런 아이러니는 패러디와 풍자의 수사적 책략으로 사용됩니다.

그리스 희곡에서 '에이론(eiron)'은 약하고 왜소하며 교활하고 약삭빠릅니다. 그는 그의 힘과 지식을 숨기고 천진함을 가장함으로써 알라존에 대해 승리를 거둡니다. 아이러니는 이런 에이론에서 비롯된 말입니다. 아이러니는 '겉으로 드러난 것과 실제 사이의 괴리'를 뜻한다는 점에서 '변장(變裝)'의 의미를 담고 있습니다. 아이러니의 본질인 변장성이란 이중성이며, 이중성은 복합성입니다. 아이러니의 복합성은 인생의 폭넓은 인식을 통해 사물과 현실의 리얼리티에 도달하게 하는 기능을 가집니다. 그래서 '이면에 숨겨진 것'(의미된 것)과 '표면에 오도된 것'(표현된 것)의 이중의미를 찾는 즐거움을 주기도 합니다.

2. 아이러니의 7가지 종류

아이러니의 종류에는 부조화의 아이러니, 자기 비하의 아이러니, 성격의 아이러니, 극적 아이러니, 순진의 아이러니, 상황의 아이러니, 낭만적 아이러니가 있습니다.

첫째, 부조화의 아이러니는 심히 부조화되거나 또는 모순되는 두 가지의 현상이 아주 긴밀하게 대치되어 있거나, 두 가지의 모순된 진술이나 부조화한 이미지를 아무 설명 없이 대치시키는 아이러니입니다.

둘째, 자기 비하의 아이러니는 인물을 무능력하고 서툰 사람으로 설정하여 자기도 모르는 사이에 구조의 모순을 드러내게 하는 것입니다.[53] 자기 비하의 아이러니에서도 아이러니스트가 가면을 쓰기는 하지만, 그것은 변장 또는 등장인물로서의 기능을 적극적으로 하는 가면입니다. 아이러니스트는 아무것도 모르고 가볍게 믿으며, 진지한 인물로 분장해서 스스로를 등장시키는 것입니다. 자기 비하의 아이러니스트는 스스로를 상대방보다 덜 지적인 것으로 나타냄으로써, 상대방의 가장이 폭로되게끔 하는 방법을 씁니다.

셋째, 성격의 아이러니는 영화 속에서 극중 인물이 그 자신의 내면에 강한 심리적 양면성을 소유하고 있거나 혹은 예상되었던 것과 뚜렷하게 대비되는 행동을 할 때 발생하는 것입니다. 성격의 아이러니는 양극단의 성격을 가진 경우이며, 겉으로 드러난 분위기나 행동과는 전혀 다른 내면의 사악함, 또는 애증이 대조를 이루고 있습니다. 코미디영화들에서 인물들은 대부분 심리적 양면성을 소유하고 있어서, 성격적 아이러니를 뚜렷하게 보여주고 있습니다. 코미디영화들에서는 악행을 일삼는 인물을 보여주다가, 나중에 선천적으로 존재하는 인물의 선의가 드러나게 되면서, 관객은 오히려 악행을 저지른 인물의 행동에 동정과 공감을 느낍니다. 이런 인물은 성격적 아이러니를 통해서 자신의 성격을 변장합니다.

넷째, 극적인 아이러니는 이야기의 흐름 속에서 인지와 무

---

53) 서곡숙, 「1990년대 전반기 한국영화의 패러디 연구: 〈세상 밖으로〉와 〈남자는 괴로워〉를 중심으로」, 동국대학교 대학원 연극영화학과 석사학위논문, 1998, 35~55쪽 참조.

지의 대비를 통해서 극적인 효과를 거두는 것입니다. 극적인 아이러니는 무지, 오해, 인지의 차이를 통한 아이러니입니다. 코미디영화에서 정보의 차이로 인한 인지의 차이는 내러티브의 주요한 전략이자 관객의 즐거움입니다. 일반적으로 극적인 아이러니에서 가장 인지한 자가 가장 무지한 자를 조롱합니다. 어떤 정보를 아는 인물과 알지 못하는 인물 사이에 정보의 차이가 생기고, 이로 인해서 긴장, 놀람, 웃음이 창출됩니다.[54]

다섯째, 순진의 아이러니는 인물이 무지하다는 데서 나옵니다. 일반적으로 가장 많은 정보를 알고 있는 인물이 가장 무지한 인물을 조롱합니다. 하지만 순진한 인물은 가장 무지하지만, 패배하기는커녕 오히려 주인공을 변화시킨다는 점에서 이러한 역학관계를 전도시킵니다. 순진한 인물의 무지와 오해는 자신에게 유리하게 작용하는 데 반해, 다른 인물들의 무지와 오해는 그들에게 불리하게 작용합니다. 이런 순진한 인물을 통한 바보 미학은 상식적인 관객의 기대를 전도시키며 이를 통해 기대의 전복이 주는 해방감과 사고의 경쾌한 리듬을 동시에 맛볼 수 있게 합니다.

여섯째, 상황의 아이러니는 사건의 갑작스런 반전으로 인

---

54) 서곡숙, 「1960년대 후반기 한국 변장코미디영화의 대중성 연구 ─변장모티프를 통한 내러티브 전략을 중심으로」, 동국대학교 대학원 연극영화학과, 2003, 53쪽.

해 인물의 행위나 사건의 결과가 애초의 의도와는 정반대의 상황으로 되는 것을 말합니다. 상황의 아이러니는 두 딜레마가 있다면, 한쪽의 딜레마를 다른 쪽의 딜레마를 이용해 결국 둘 다 해결하는 것입니다. 이는 할리우드 대중영화에서 유용하게 써먹는 플롯의 원리 중 하나입니다. 영화들에서 의도와 결과가 상반되는 상황이 발생합니다. 상황의 아이러니는 세 가지 역할을 합니다. 우선, 한 쪽의 딜레마로 다른 쪽의 딜레마를 해결해서 궁지에 몰린 주인공과 조력자를 구해주는 한편 적대자를 처벌합니다. 다음으로, 의도와 결과의 불일치로 인해서 주인공이 자신에 대해서 성찰하게 되는 계기를 갖게 됩니다. 마지막으로, 갑작스러운 반전으로 인해서 관객들이 긴장감으로 인한 즐거움을 느끼게 됩니다.

일곱째, 낭만적 아이러니는 작가가 예술적 환상을 증가시키다가, 나중에는 예술가인 그가 바로 인물들과 그들의 행동을 자기 마음대로 창조하고 조종한 사람이라는 것을 폭로함으로써, 그 환상을 다시 깨뜨리는 극적 창작기법을 지칭합니다. 이것은 관객들에게 하나의 작품이 예술이면서 동시에 인생이기도 하다는 점에서 상반된 것의 병존으로 생각하기를 요구합니다. 코미디영화들은 카메오 출현, 상반된 이미지의 캐스팅, 패러디, 영화적 장치 드러내기 등을 통해서 이러한 낭만적 아이러니를 보여줍니다.

3. 인물, 플롯, 주제와 아이러니

　코미디영화는 인물, 플롯, 주제 면에서 다양한 종류의 아이러니를 사용합니다.

　우선, 인물의 형상화 방법에서 많이 사용하는 아이러니는 자기 비하의 아이러니와 성격의 아이러니입니다. 일반적인 코미디영화의 법칙에서는 선량한 주인공과 악인 적대자의 갈등이 '이상과 현실의 대립'을 구현합니다. 하지만, 최근 코미디영화들에서 주인공은 적대자와 마찬가지로 악행을 저지르지만, 내면적으로는 착한 성품이라는 점에서 성격의 아이러니를 보여줍니다. 주인공은 자신이 쏜 풍자의 화살에 자신이 맞는 모순을 보여주며, 이상과 현실에 대해 내면적인 갈등을 합니다.

　다음으로, 플롯의 전개과정에서 많이 사용하는 아이러니는 극적 아이러니, 순진의 아이러니, 상황의 아이러니입니다. 극적 아이러니에서 인지의 순위는 관객·주인공 〉 적대자입니다. 극적인 아이러니는 적대자에게는 비판의 칼날이 되며, 주인공과 관객에게는 인지의 즐거움을 줍니다. 상황의 아이러니는 극적 아이러니와 순진의 아이러니의 모순에 의해서 발생합니다. 적대자는 주인공을 억압하고자 하지만, 실제로는 주인공의 계략에 속아 자신의 의도와 반대되는 결과와 마주하게 됩니다. 혹은 주인공이나 조력자가 오히려 순진무구함으로 승리하게 됩니다.

마지막으로, 코미디영화들에서 주제와 관련하여 많이 사용하는 아이러니는 부조화의 아이러니와 낭만적 아이러니입니다. 부조화의 아이러니에 의해서 제기된 이중성과 비판적 거리두기는 플롯의 아이러니에서 보여준 '현실에 대한 이상의 비판'이라는 합의된 주제에 대해 의구심을 품게 만듭니다. 그리고 자기 반영적인 영화적 장치를 드러내는 낭만적 아이러니를 통해서 해피엔딩을 통한 지배계급과의 화해와 통합에 대해 소격효과를 일으킵니다.

4. 코미디영화의 아이러니 텍스트

〈킬러의 보디가드〉(2017)는 다양한 아이러니로 극적 흥미와 웃음을 유도하고 있습니다. 첫째, 킨케이드는 잔인한 킬러이면서 동시에 로맨티스트 면모를 보여줌으로써 성격의 아이러니를 보여줍니다. 둘째, 마이클/킨케이드는 보디가드/킬러, 지키기/죽이기, 백인/흑인, 미혼/기혼 등 상반된 입장과 대조적인 성격을 통해 부조화의 아이러니를 보여주고 있습니다. 인물의 상반된 입장과 성격, 말과 행동의 불일치, 자동차를 이용한 성적 농담, 상황에 어울리지 않는 인물의 행동 등으로 부조화의 아이러니를 통해 웃음을 창출합니다. 셋째, 상반된 입장과 대조적인 성격을 가진 두 사람의 갈등

[사진] 〈킬러의 보디가드〉 킨케이드와 그의 아내
[영상] 킨케이드가 자신이 선량한 사람이라고 말하는 장면

이 유대와 협력 관계로 바뀌면서 자신의 과거와는 다른 선택을 함으로써 상황의 아이러니가 생겨납니다.

아틸라 틸 감독의 헝가리 영화 〈어쩌다 암살클럽〉(Tiszta szivvel, Kills on Wheels, 2017)에서도 여러 가지 아이러니 기법이 사용되고 있습니다. 물리치료실에서 루퍼소브가 쓰러져서 못 일어나면서도 3년 후 뛸 거라고 말하는 장면, 토니의 집에서 루퍼소브가 휠체어에 깔아 놓은 쿠션에서 총을 꺼내 암살하는 장면, 결혼식장에서 에비에게 지금 화장실에 가서 키스하고 섹스하자고 말하는 장면 등 강한 의지와 유머 감각을 가진 장애인 킬러라는 설정으로 부조화의 아이러니

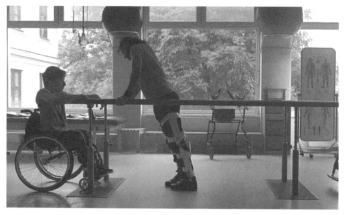

[사진] 〈어쩌다 암살클럽〉 졸리카가 루퍼소브에게 암살 일에 끼워달라고 말하는 장면
[영상] 루퍼소브와 졸리카가 광장에서 암살하는 장면

가 많이 나타납니다. 그리고 장애를 활용한 암살 계략에서 발생하는 극적인 아이러니, 사람·총을 싫어하는 조직의 두목이라는 성격의 아이러니 등도 웃음을 생성하고 있습니다.

제7장 코미디영화의 패러디

1. 패러디: 차이를 둔 반복

현대에 와서 패러디는 조롱에서부터 경의까지 다양하고 의도와 폭넓은 기능을 수행합니다. 패러디는 "문체적 모방과 그 뒤틈의 기교"(마가렛 로즈), "선행의 기성품을 계승·비판·재조합하기 위해 재기호화하는 의도적 모방인용"(정끝별), "차이를 둔 반복"[55](린다 허천) 등으로 정의되고 있습니다. 패러디는 풍자, 패스티쉬와 종종 혼동되기도 합니다. 풍자는 부정적 평가와 수정된 의도가 포함된 '경멸의 에토스'인데 반해, 패러디는 의도의 한계가 없는 '표시가 없는 에토스'입

---

55) Linda Hutcheon, 앞의 책, pp.7~11.

니다. 풍자의 의도는 사회적 개선인데 반해, 패러디의 의도는 원 텍스트에 대한 비판적, 경의적 의도를 모두 포괄한다는 점에서 차이가 납니다. 패러디와 패스티쉬는 둘 다 공인된 위반이지만, 패러디가 차이를 지향하는 반면에, 패스티쉬는 유사성을 목표로 한다는 점에서 다릅니다.

패러디는 반복이지만, 그 모방이 항상 차이를 수반합니다. 아이러니는 창조와 모방이 상호유기적으로 결합되어 있는 패러디에서 모방의 정당성 혹은 창작적 개념으로서의 패러디를 뒷받침해주는 근거입니다.56) 감독의 의도를 드러내기 위해서 사용하는 패러디의 가장 중요한 수사적 책략은 바로 아이러니입니다. 패러디와 아이러니의 공통점은 두 개의 차원에서 작동하는 '일차적, 표면적 전경'과 '이차적, 암시적 후경'이며, 최종적인 의미는 이들 의미의 층들이 포개 놓여 있다는 것을 인식하는 데 있습니다. 패러디에 아이러니가 존재한다는 것은 추론되고 기호화된 의도와 해독자의 인식이 반드시 가정되어야 함을 강조하기 때문입니다.

고문에 충실히 따르고자 했던 한국문학의 전통은 바로 패러디의 역사입니다. 환골법(換骨法)은 형식의 패러디이고, 탈태법(奪胎法)은 시상의 패러디이고, 집구시(集句詩)는 패

---

56) 이순욱, 「풍자와 패러디」, 김준오(편), 『한국 현대시의 패러디』, 현대미학사, 1996, 192쪽.

스티쉬에 가깝고, 도습(蹈襲)은 표절에 가깝습니다.57) 전통적인 한국문학에서는 과거의 권위 있는 원본을 모방함으로써 자기의 작품의 예술적 성취를 보장받으려는 태도를 지녔습니다. 한국문학의 전통에서 패러디는 "과거를 재해석하고자 하는 의지"58)였던 것입니다. 패러디는 전통적인 재료를 끌어다 창조하는 것입니다. 예술의 대상이 자연에서 문화로 바뀐 대량복제시대에 이르러 패러디는 새로운 기법으로 각광받게 됩니다. 미하일 바흐찐의 '대화성(對話性)' 이론과 크리스테바의 '상호텍스트성' 이론도 이런 흐름의 연장선상에 있습니다.

---

57) 술이부작은 "선왕의 도를 서술하여 전하되 사실에 근거 없는 것을 창작하지 않는 것"이고, 용사는 "시문(詩文)을 지을 때 역사적인 사실과 같은 시대에 있었던 일이나 고인의 말 또는 글, 고사 등을 끌어다 씀으로써 자신의 논리를 보완하는 작업"(문선영, 47)입니다. 즉 용사는 "기성의 언어화된 텍스트에서 특정한 관념이나 서적을 참조, 인용하는 방식"(강명관, 285~308)입니다. 환골탈태는 "고인의 뜻을 바꾸지 않고 제 말을 만드는 것인 '환골'과 고인의 뜻을 본받으면서 형용하는 것인 '탈태'가 묶어져, 고인의 시구를 어느 지점으로부터 변화시키는 관점의 한 방법"이고, 도습은 "자기 나름의 새로운 이치의 발명이 없이 고인의 말이나 그 뜻을 그대로 밟"(문선영, 47)는 것입니다.
58) 서곡숙, 「1960년대 전반기 한국영화의 패러디 연구」, 동국대학교 연극영화학과 석사학위논문, 1999, 13쪽.

2. 전경과 후경: 정당화된 위반과 이중적 언술

패러디스트의 태도에는 두 가지, 즉 적대감과 친밀감이 있습니다. 전자는 조롱과 경멸의 의도에서 출발하고 파괴적 성격이 강하며, 후자는 비판적이고 찬양적인 태도를 보이고 재건적 성격이 두드러집니다.[59] 패러디는 권위/위반, 반복/차이를 전제로 하기 때문에 역설적이며, '정당화된 위반'이라는 성격에 내재해 있는 보수적 힘과 혁명적 힘의 이중적 충동이 있습니다. 패러디의 양면적인 잠재력은 규칙과 위반, 반복과 차이, 보수적이면서 변형을 지향하는 것, 신비화와 비판의 기능을 수행하는 것 등입니다. 패러디의 위반은 늘 정당화되며, 비평적 차이를 둔 경우라 하더라도 모방함으로써 패러디는 재강화됩니다.

각자의 의도는 한결 줄어드는 반면 본래의 언어는 다른 사람의 언어로 변하는 이런 유형의 언어를 가리켜 바흐찐은 '이중적 목소리로 된 언술'이라고 부릅니다. 이런 이중적 언술은 동시에 서로 다른 두 개의 의도를 표현하며, 원 텍스트를 초맥락화 함으로써 비판적 재해석과 창조적 모방을 동시에 수행하고 있습니다. 패러디의 긍정성은 과거에 대한 재해

---

59) Margaret A. Rose, 「패로디/메타픽션」, 문흥술(역), 『심상』, 1991년 12월호 / 1992년 1월호.

석을 통한 계승·재현의 양식으로 재현을 거부하는 패러디의 역설과 거리두기를 통한 자기 반영적인 패러디의 이중성입니다.

3. 창작과 독해: 모방인용 심리와 해독과정 심리

패러디의 창작과 독해 과정의 상호텍스트성은 두 개의 의사소통 모델을 기반으로 합니다. 제1차 패러디스트와 원텍스트의 저자 간의 의사소통 과정은 원텍스트에 대한 패러디스트의 해독과정의 심리와 모방인용 심리가 주요 인자로 작용합니다. 제2차 관객과 패러디 작품의 패러디스트 간의 의사소통 과정은 패러디스트가 텍스트에 숨겨놓은 여러 단서들을 관객이 재조합하고 구조화함으로써 패러디텍스트의 의미를 완성해 내는 과정입니다. 패러디 효과는 패러디스트의 모방인용 심리와 관객의 해독과정 심리가 상호작용함으로써 발휘되는 것입니다.

패러디스트의 의도와 관객의 해독과정은 다섯 단계로 진행됩니다. 첫째, 패러디스트의 의도입니다. 둘째, 패러디스트의 의도에 부합하는 원 텍스트를 선택하는 안목입니다. 셋째, 독자의 흥미를 유발할 수 있도록 원 텍스트를 드러내는 방법입니다. 넷째, 독자의 이해 정도입니다. 다섯째, 작품과 독자의 상호교류입니다.[60] 패러디스트는 원 작품을 자기 나

름대로 해석해서 다른 해독자인 관객에게 뒤틀린 형식으로 제공합니다. 원 작품을 알고 있는 관객은 자신이 이해하는 원 텍스트와 패러디스트가 해석한 원 텍스트 사이의 불일치를 비교하게 됩니다. 이처럼 패러디는 다른 텍스트에 비추어 텍스트를 해독하는 행위보다 더 복잡한 기호화와 해독의 과정을 거칩니다.[61]

'패러디된 후경'은 '패러디의 전경'의 의미를 다양하고 복잡하게 만듭니다. 패러디된 후경은 전경에 대해 거울 역할을 하게 됩니다. 전경이 후경을 바라보고 그 다음에는 후경을 통해 전경을 바라봄으로써 전경과 후경의 의미를 모두 변화시킵니다. 영화에서의 패러디는 바로 바흐찐이 말하는 '다어성'의 장입니다. 바흐찐에 의하면, 패러디는 시대가 변하면서 다양한 형식을 보이지만 시대를 관통하는 두 가지 공통점이 있습니다. 첫째, 웃음이라는 일종의 교정 방법과 비판으로, 직설적인 장르, 언어, 스타일, 목소리 밑에 숨어 있는 모순적인 다른 실재를 경험할 수 있도록 해줍니다. 둘째, 직접적인 표현의 수단인 언어 그 자체가 새로운 맥락 속에서 언어의 이미지가 됩니다. 이런 패러디는 언어의 절대적 권위를

---

60) 서곡숙, 『코미디와 패러디: 1990년대 전반기 한국영화의 패러디 실천 연구』, 홍경, 2016, 136쪽.
61) 구모룡, 「패러디 시학의 이데올로기」, 『한국 문학 논총』, 한국문학회, 18호, 1996년 7월, p.173.

[사진·영상] 〈카사블랑카〉 릭과 일리자가 이별하는 장면

파괴하는 데 있어 웃음과 풍자를 중요한 무기로 삼는다는 점에서 코미디영화에서 중요한 기법으로 사용됩니다.

4. 코미디영화의 패러디 텍스트

우디 앨런의 〈카사블랑카여, 다시 한 번〉(Play It Again, Sam, 1972)에서 앨런(우디 앨런)은 친구의 아내 린다(다이앤 키튼)를 사랑하지만 린다를 떠나보냅니다. 앨런은 마이클 커티즈의 〈카사블랑카〉(Casablanca, 1942)의 영화적 삶을

[사진·영상] 〈카사블랑카여, 다시 한 번〉 앨런과 린다가 공항에서 이별하는 장면

재현합니다. 〈카사블랑카〉에서는 릭(험프리 보가트)이 남편보다 자신을 더 사랑하는 일리자(잉그리드 버그만)를 억지로 떠나보내는 반면, 〈카사블랑카여, 다시 한 번〉에서는 앨런이 자신보다 남편을 더 사랑하는 린다를 떠나보냅니다. 카리스마 있는 험프리 보가트와, 우유부단한 우디 앨런의 차이를 통해서 환상과 현실의 간극을 보여줍니다. 이후 영화에서 튀어나온 릭이 현실에 나타나 앨런에게 여러 가지 충고를 하면서, 영화와 현실의 경계는 모호해집니다. 주인공은 불행하고 비참한 현실을 견디기 힘들어 행복한 삶인 영화로 도피하기 위해서, 영화적인 상황들을 자신의 현재 삶으로 환원시키려

[사진] 〈엽기적인 그녀〉「소나기」를 패러디한 장면
[영상] '나 잡아봐라'를 패러디한 장면

고 시도합니다.62) 〈카사블랑카〉를 직접적으로 인용함으로
써, 원텍스트와 패러디텍스트의 차이와 반복을 확인하면서
적극적인 독해를 할 수 있게 만듭니다.

곽재용의 〈엽기적인 그녀〉(2001)는 견우(차태현)가 엽기
적인 성격의 그녀(전지현)를 만나 사랑에 빠지는 내용입니
다. 황순원의 단편소설 「소나기」에서 소녀가 죽어가면서 소
년과의 추억이 깃든 분홍 스웨터를 꼭 그대로 입혀서 묻어달

---

62) 스티그 베이르크만, 이남(역), 『우디가 말하는 앨런』, 한나래,
2006.

라고 당부합니다. 〈엽기적인 그녀〉에서는 그녀가 소년도 함께 "산 채로 묻는 거야"라고 말해 견우를 경악하게 만듭니다. 1960년대 한국 멜로드라마의 '나 잡아봐라' 장면에서는 청순한 여주인공이 뛰어가면 주인공이 웃으면서 따라갑니다. 〈엽기적인 그녀〉에서 그녀는 "나 시험 칠 때 노팬티다. 근데 나 오늘 시험 봤다. 나 잡아 봐라. 나 안 잡으면 죽어!"라는 대사로 견우를 당황하게 합니다. 이러한 패러디를 통해서 가련한 소녀와 청순한 여성이 기가 센 여주인공으로 변모함으로써, 기존의 텍스트를 새롭게 독해하게 만듭니다.

〈펠리니를 찾아서〉(In Search of Fellini, 2017)는 페데리코 펠리니의 영화들을 보고 감동한 루시(세니아 솔로)가 펠

리니를 찾아 이탈리아로 떠나 피에트로(엔리코 에티커)와 만나 사랑하게 되는 내용입니다. 원 텍스트, 즉 〈길〉, 〈카비리아의 밤〉, 〈8과 1/2〉 등에 대해 패러디 텍스트는 세 가지 시선을 보여줍니다. 첫째, 펠리니 영화제 관객들은 펠리니 영화들에 나오는 인물들의 의상

〈펠리니를 찾아서〉 포스터

[사진] 〈로미오와 줄리엣〉 로미오와 줄리엣이 가면을 벗고 손을 맞대는 장면

[사진] 〈펠리니를 찾아서〉 루시와 피에트로가 처음 만나 손을 잡는 장면

을 입고 그 환상에 동참합니다. 둘째, 루시는 펠리니의 영화
들에서 '인간애'와 '색다름'을 느끼고 그의 영화들과 같은
삶을 꿈꾸며 길을 떠납니다. 셋째, 루시의 엄마 클레어(마리
아 벨로)는 〈길〉을 보면서 루시가 왜 펠리니를 좋아하는지

를 이해하게 됩니다. 루시와 피에트로는 펠리니의 〈길〉의 젤소미나와 나자레노, 프랑코 제페렐리의 〈로미오와 줄리엣〉(1968)의 로미오와 줄리엣을 패러디하고 있습니다. 플라시도는 〈길〉의 잠파노의 성격과 로미오의 가면을 혼합시켜 패러디하고 있습니다. 그리고 원 텍스트의 직접적인 인용은 펠리니 영화에 익숙하지 않은 관객들의 이해를 도와 활발한 상호작용의 즐거움과 웃음을 창출합니다.

[영상] 〈길〉 잠파노가 젤소미나의 트럼펫 연주를 듣는 장면

[영상] 〈로미오와 줄리엣〉 로미오와 줄리엣이 가면을 벗고 손을 맞대는 장면

제8장 코미디영화의 정보 전략

1. 긴장과 놀람: 정보의 제공과 제지

'정보 전략'은 장르의 관습에 대한 관객의 기대, 내러티브 내에서 인물들 간의 정보에 대한 인지의 차이를 통한 전략입니다. 코미디영화에서 정보의 차이로 인한 인지의 차이는 내러티브의 중요한 전략이자 관객의 즐거움입니다. 코미디영화에서 근본을 이루는 내러티브 전략의 두 가지 양식은 긴장(suspense)과 놀람(surprise)입니다.[63] 어떤 사실을 아는 인

---

63) Steve Neale & Frank Krutnik, *Popular Film and Television Comedy*, 1990, 강현두(역), 『세상의 모든 코미디: 장편, 단편, 촌극, 시트콤과 버라이어티, 슬랩스틱과 로맨스, 코믹이벤트, 그리고 개

물과 알지 못하는 인물 사이에 정보의 차이가 생기고, 이런 정보의 차이는 긴장과 놀람을 창출합니다.[64] 이 둘은 서사물에서 복합적인 방법으로 함께 작용합니다. 사건들은 놀람으로 시작해서 긴장의 패턴을 이루며, 기대된 결과의 좌절인 꼬임 즉 또 다른 놀람으로 끝납니다.[65]

우선, '긴장'은 '지식의 제공'과 관련이 있습니다. 텍스트의 자체 존속책의 요체 중 가장 강력한 것이 바로 긴장입니다. 긴장의 경우, 제공된 지식은 항상 부분적이어서, 지식의 다양한 수준과 종류에 따라서 다양한 형태의 긴장이 유발됩니다. 속임수와 계략의 본질과 목적이 많은 장면에서 미리 알려지거나 묘사될 때, 이러한 놀람이나 혹은 그 계획의 성공에 대한 의심을 통해 긴장상태를 높이고 긴장감을 창조합니다.

다음으로, '놀람'은 '정보의 제지'와 관련되어 있습니다. 긴장관계의 플롯에 연관되는 인물 중 일부는 어떤 지점에선 놀람의 상황에 처하게 마련입니다. 이때 인물들의 놀람은 관

그와 농담까지』, 커뮤니케이션북스, 2002, 57쪽.

64) 서곡숙, 「1960년대 후반기 한국 변장코미디영화의 대중성 연구―변장모티프를 통한 내러티브 전략을 중심으로」, 동국대학교 대학원 연극영화과 박사학위논문, 2003, 53쪽.

65) Seymour Chatman, *Story and Discourse: Narrative Structure in Fiction and Film*, Cornell University Press, 1978, 김경수(역), 『영화와 소설의 서사구조: 이야기와 담화』, 민음사, 1999, 71쪽.

객들이 지닌 지식과 기대가 곧잘 대비를 이루는데, 이는 곧 관객과 인물들이 놓여 있는 위치가 얼마나 다른가를 확연하게 드러내 줍니다.[66] 발견으로 인한 놀람은 무지의 상태에서 인지의 상태로 이행하는 것에서 발생합니다.[67] 코미디영화에서 놀람은 인과적 동기부여와 무관하게 예견할 수 없는 사건들로부터 유발되며, 전혀 아무런 암시도 사전에 주어지지 않습니다. 그래서 놀람은 장르의 규칙으로 익숙한 관중에게 새로운 재미를 주는 요소입니다.

2. 긴장: 어긋남의 좌절과 적중의 만족

긴장을 유지하거나 생성하는 방법은 두 가지 범주, 즉 '기대의 긴장'과 '불확실의 긴장'이 있습니다. 첫째, 기대의 긴장입니다. 관객은 무슨 일이 일어날지는 알지만, 언제 혹은 어떻게 일어날지는 모릅니다. 관객은 그 행위의 과정을 따라가며, 계속 증가하는 희망이나 두려움을 갖고 다가올 기대되

66) Steve Neale & Frank Krutnik, *Popular Film and Television Comedy*, 1990, 강현두(역), 『세상의 모든 코미디: 장편, 단편, 촌극, 시트콤과 버라이어티, 슬랩스틱과 로맨스, 코믹이벤트, 그리고 개그와 농담까지』, 커뮤니케이션북스, 2002, 67~68쪽.
67) Aristoteles, *Aristoteles, De Arte Poetica*, Oxford, 1958, 천병희(역), 『시학』, 문예출판사, 2000, 67쪽.

는 사건을 기다립니다.68) 둘째, 불확실의 긴장입니다. 관객은 결과를 알지 못하고 이후의 행위에 대해 무지와 호기심의 상태로 남게 됩니다. 관객들이 갑자기 펼쳐지게 될 사건들에 대해 무지하거나 불확실할 때, 관객들의 긴장은 인물들의 무지나 무력감을 강조함으로써 증가됩니다.

기대의 긴장과 불확실의 긴장은 양립할 수 없습니다. 그 이유는 세부사항들에 대한 무지는 주요사건들에 대한 높아져가는 기대와 동반하여 나아갈지도 모르고, 만약 그렇지 않다면 즉각적인 행위의 징조를 보이고 그 궁극적인 결과가 불확실성에 남겨질지도 모르기 때문입니다. 불확실성과 무지에서 오는 긴장보다 어느 정도의 인지에서 오는 기대감과 긴장이 관객에게 더 큰 즐거움을 줄 수 있습니다. 만약 영화가 자신의 과업에 성공하려면, 관객이 인물의 행위에 관심을 기울이고 집중하고 지속적인 긴장 상태로 남아 있어야만 합니다.

완전한 인지/무지보다는 부분적인 인지/무지가 더 큰 기대감과 긴장감을 창출합니다. 첫째, 완전한 인지와 완전한 무지는 긴장감을 창출하지 않습니다. 이 양 극단의 경우에 관객은 극적인 감흥을 거의 느낄 수 없습니다. 긴장은 극적인 것의 필수 요건이어서, 이러한 긴장이 포함되어 있지 않

---

68) George E. Duckworth, *The Nature of Roman Comedy*: *A Study in Popular Entertainment*, Princeton University Press, Princeton, New Jersey, 1971, p.209.

은 영화에서는 관객은 전혀 극적인 감흥을 느낄 수 없습니다. 둘째, 부분적인 인지와 부분적인 무지는 기대감과 긴장감을 창출합니다. 관객은 인물들보다 더 많이 알지만, 전체 진실을 아는 것은 아닙니다. 긴장은 다음에 무슨 일이 일어날지 모르지만, 먼저의 사건에 자극되어 발생합니다. 이전의 정보로 인한 기대감이 긴장을 발생시키고, 다음 사건에 대한 무지가 긴장감을 유지시킵니다. 긴장은 주어진 정보에 의해 다음의 정보를 알고 싶은 욕구에 의해 생겨나는 마음의 흥분 상태입니다. 관객은 기대감과 긴장감 속에서 '어긋남의 좌절'과 '적중의 만족'을 적절하게 맛볼 것입니다.

3. 코믹한 긴장과 놀람을 유발시키는 플롯 패턴: 계략, 가장, 우연

긴장과 놀람을 생산해내기 위해서는 내러티브에 대한 지식이 인물과 그들을 지켜보는 관객들 사이에 어떤 특정한 패턴에 따라서 배분되어야 합니다. 이 패턴은 내러티브 코미디에서 몇 가지 플롯 구조를 형성합니다. 코믹한 긴장을 유발시키는 플롯 패턴은 네 가지, 즉 인물의 계획·계략, 가장·위장, 우연적인 사건, 여러 명의 등장인물들의 계략입니다. 이러한 플롯 패턴은 모두 정보의 차이, 즉 인지, 무지, 오해와 연관됩니다.

첫째, 반복적으로 등장하는 특정한 인물의 계획이나 계략입니다. 다른 인물들은 무지의 상태에 놓이게 되며, 계획을 짠 인물과 관객은 그러한 계획을 일찍부터 알고 있지만, 그 계획의 효과와 결과에 대해서는 알지 못합니다. 둘째, 남자의 여장(혹은 여자의 남장)을 포함한 가장이나 위장입니다. 가장이나 위장에 대한 정보의 제공과 제지로 인해, 인물과 관객은 인지, 무지, 오해의 상황에 처하게 되고 긴장과 놀람을 느끼게 됩니다. 셋째, 오해와 무지가 우연적인 사건 때문에 생겨나는 플롯입니다. 우연적인 사건과 순진무구함의 결과로 야기되는 사건으로 인해 인물의 무지와 관객의 인지가 대비됩니다. 넷째, 여러 명의 등장인물의 계략입니다. 여기서는 사건의 전개과정에서 여러 계략들이 서로 상호작용하기 때문에 그들이 본래 의도하던 바의 계획이 실패로 돌아가거나 부분 수정되어야만 하는 상황으로 치닫게 됩니다.[69] '인지의 차이'가 바로 희극성의 주요 원천이고 각 플롯 패턴의 효과, 즉 긴장과 놀람이라는 텍스트의 즐거움과 관련됩니다.

4. 인지의 우월성과 공범 의식

코미디영화에서 가장 무지한 자는 조롱과 비판의 대상이

69) Steve Neale & Frank Krutnik, 앞의 책, 64~66쪽.

됩니다. 코미디영화에서는 극중 인물이 상황을 이해하지 못하거나 잘못 이해하고 있는데, 관중들은 알고 있는 상황을 통해 희극성을 창출합니다. 오해와 그것으로 인한 헛소동은 코미디에서 많이 이용하는 기법입니다.[70] 즉, 코미디영화에서 웃음을 유발시키는 방법 중 하나는 각각의 사건 속에 끊임없이 오해와 착각의 요소를 삽입하는 것입니다. 코미디영화에서 가장 무지한 상층계급, 남자, 기성세대인 적대자를 조롱함으로써, 전체의 통합에 대해 부분적으로 저항합니다. 알라존형 인물인 적대자는 대개 어리석거나 욕심이 많은 인간적 약점을 지니고 있습니다. 관객의 우월의식은 극 속에서 점점 왜소해지는 알라존에 대한 상대적 우월감에서 생깁니다.

하층계급은 인지의 우위를 통해 조롱의 주체가 됩니다. 하층계급 남자인 주인공은 상층계급에게 직접적인 대항을 할 수 없기 때문에, 간접적인 계략으로 자신의 목적을 달성하는 방법을 택합니다. 계략과 가면 쓰기는 약자가 불리한 상황, 곤경에 처한 상황에서 활용되기 때문에, 관객의 연민과 동정심을 불러일으켜 주인공의 거짓말과 가면을 지지하게 만듭니다. 주인공은 인지의 우월성을 통해 자신의 적극

---

70) 이명자, 「코미디 영화의 형상화 방법으로서 풍자 연구―〈넘버 3〉, 〈엑스트라〉, 〈간첩 리철진〉을 중심으로」, 동국대학교 대학원 연극영화학과 석사학위논문, 1999, 79쪽.

적인 참여 의지를 드러낸다는 점에서 '꾀바른 노예'나 '말뚝이'와 연관됩니다. 하층계급은 계층적으로는 가장 억압받는 부류에 속하지만, 실리적인 면에서는 승리하는 것을 보여줍니다. 코미디영화에서 관객이 변장, 계략을 항상 먼저 인지하게 하여 우월감을 주어 희극성을 유발시킵니다. 변장과 계략에 있어서 주인공과 관객의 공유는 사회생활의 상호작용 과정인 웃음을 창출하게 됩니다. 웃음은 언제나 한 집단의 웃음이며, 실제적으로 존재하든 혹은 상상적으로이든 다른 사람들과의 합의, 즉 일종의 공범 의식 같은 것을 숨기고 있는 것입니다.

5. 코미디영화의 정보 전략 텍스트

한국 코미디영화의 고전이자 흥행작인 이병일의 〈시집 가는 날〉(1956)은 맹 진사(김승호)가 계략에 속아 딸 갑분이(김유희) 대신 몸종 입분이(조미령)를 김 판서댁 아들 미언(최현)과 결혼시키는 이야기입니다. 맹 진사는 사위가 절름발이라는 거짓 정보를 알게 되어, 결혼을 거부하는 갑분이를 대신하여 하녀 입분이를 갑분으로 위장시킵니다. 하지만 사실상 맹 진사의 고약한 인성과 입분이의 착한 심성을 미리 알고 있던 미언의 계책이 있었음이 밝혀집니다. 여기에서 부분적으로 인지/무지한 맹 진사가 패배하면서 조롱의 대상이 되

[사진] 〈시집 가는 날〉 입분이가 미언과 첫날밤을 보내는 장면

고, 완전하게 인지한 미언이 승리하여 조롱의 주체가 됩니다. 이때 완전하게 무지한 입분이도 또한 승리한다는 점에서 순진의 아이러니와 계급 질서의 전도를 보여줍니다.

조지 로이 힐의 〈스팅〉(The Sting, 1973)에서는 후커(로버트 레드포드)와 쇼(폴 뉴먼)가 거물 로네간을 속이는 계책이 흥미롭게 펼쳐집니다. 크리스 콜럼버스의 〈나 홀로 집에〉(Home Alone, 1990)는 집에 혼자 남은 꼬마 캐빈이 2인조 도둑들에 맞서 기발한 집지키기 전쟁을 벌이는데, 이때 도둑들은 상대편이 꼬마라는 사실을 모른 채 골탕을 먹는다는 점에서 웃음의 대상이 됩니다. 스티븐 소더버그의 〈오션스 일

[사진] 〈스팅〉 총으로 위협받은 후커와 쇼가 손드는 장면

레븐〉(Ocean's Eleven, 2001)에서는 대니 오션(조지 클루니)
가 러스티(브래드 피트) 등 범죄자를 규합해 카지노의 금고
를 터는 계획을 꾸미는데, 대니의 전처(줄리아 로버츠)의 애
인이자 카지노의 소유자인 (앤디 가르시아)가 부분적인 인지
/무지로 조롱의 대상이 됩니다. 〈두사부일체〉(2001)와 〈투사
부일체〉(2006)에서는 조폭 부두목인 계두식(정준호)이 고등
학생, 교생으로 학교에 들어가는데, 이를 모르고 그를 우습
게 보는 학교 쌈장과 재단 관계자가 조롱의 대상이 됩니다.
〈과속스캔들〉에서 잘 나가는 30대 중반의 연예인 남현수(차
태현)가 22살 딸(박보현), 6살 손자(왕석현)가 나타나서 충격
을 받는데, 이 사실을 모르는 다른 인물과 팬들이 부녀 관계

[사진] 〈투사부일체〉 고교생이 된 큰형님이 혼나는 모습에 당황하는 장면

[사진] 〈과속스캔들〉 현수가 갑자기 나타난 딸과 손자를 보고 당황하는 장면

를 연인 관계로 오인하여 웃음을 창출합니다. 이 영화들에서
가장 인지하고 있는 사회적 약자가 가장 무지한 사회적 강자

를 조롱함으로써, 기존의 사회 체계의 규범에서 일탈하는 즐
거움을 선사합니다.

제9장 코미디영화의 변장

1. 변장을 통한 정보 전략과 규범의 전도

'변장(變裝)'은 (본디 모습을 감추려고) 얼굴·옷차림·머리 모양 등을 고쳐서 다르게 꾸밈, 또는 그 다르게 꾸민 모습을 뜻합니다.[71] 변장과 유사한 개념으로는 가장, 위장, 가면, 옷 바꿔 입기, 드랙, 복장 도착증 등이 있습니다.[72] '변장'은 '복

---

71) 동아국어사전위원회(편), 『동아 새 국어사전』, 동아출판사, 1992, 1016쪽.

72) '가장(假裝)'은 얼굴이나 옷차림을 거짓으로 꾸미는 것뿐만 아니라 거짓으로 꾸미는 태도를 모두 일컫는 용어입니다. '위장(僞裝)'도 장비나 복장·행동 따위를 거짓으로 꾸밈, 또는 그 수단을 말할 뿐만 아니라 사실과 다르게 거짓 꾸밈 또는 그 꾸밈새를 모두 포함합니다. '가면'은 사람이나 짐승의 얼굴 모양을 본떠 만든

장'을 통한 모습 바꾸기에 한정되면서도, 남녀 간의 성 변장
(性 變裝)뿐만 아니라 신분 변장(身分 變裝)을 포함하는 개념
입니다. 첫째, 성변장이란 자신의 생물학적 성과는 반대되는
성으로 변장하는 것을 말합니다. 옛날 성 변장은 남녀동체
(androgyny)의 모습을 가짐으로써 이상적 인간형을 추구하
는 방법이었습니다. 고대인들은 신과 마찬가지로 인간도 애
초에는 양성을 구유하고 있었다는 관념에서, 남자는 여장을
하거나 여자가 남장을 하였습니다. 둘째, 신분 변장이란 변
장 주체가 본래의 자기 신분을 속여 다른 신분으로 보이게끔
변장하는 것을 말합니다. 변장이 허구적인 서사 양식으로 도
입되면서 초기 설화에 수용된 변장은 모두 신분 변장에 한정
되어 있습니다.

　세속적인 의미의 변장은 이보다 훨씬 후대에 생겨난 것으
로, 인간이 눈앞에 닥친 위기를 모면·극복하거나 개인적인
목적으로 달성하기 위한 수단으로 수행된 것입니다.[73) 변장

탈뿐만 아니라 본마음이나 참모습을 감춘, 거짓 꾸밈을 비유하여
이르는 말입니다. '옷 바꿔 입기'는 'cross-dressing'을 번역한 용어
로 주로 남녀 간의 모습 바꾸기를 일컫습니다. '드랙(drag)'은 이성
의 복장 중에서도 특히 쇼 무대에서의 남성의 여장(女裝)을 나타내
는 개념으로 '옷 바꿔 입기'보다 더 좁은 개념입니다. '복장 도착
증(服裝 倒錯症)'은 'transvestism'에서 나온 용어로 이성의 옷을 입
는 성도착증을 일컫는 말로 심리학적인 개념입니다.
73) 정준식, 「초기 설화의 변장 모티프 수용 양상―『삼국사기』·

은 신이하고 흥미로운 제재이기에 앞서, 인간의 삶에서 실제적인 목적을 위해 수행되어온 속임의 한 방편이었습니다. 변장은 겉모습이 아닌 속 모습을 보게 하게 하는 심리적 인식 방법이며, 이 수법으로 코미디의 공간은 패러독스적 의미가 더욱 심화 확대됩니다.[74] 코미디영화에서 변장은 정보 전략과 규범의 전도를 통해 긴장감과 기대감으로 웃음과 쾌락을 창출합니다.

2. '은폐의 전략': 가상적 자아로 본래적 자아 숨기기

변장은 은폐의 전략, 위협의 전략, 변신의 전략이라는 세 가지 전략으로 인물과 관객의 욕구를 충족시킵니다.

우선, 변장은 자신의 본모습을 숨긴다는 점에서 '은폐의 전략'입니다. 우리는 자신을 보호하기 위해서 변장을 사용합니다.[75] 변장은 겉으로 보여지는 모습이 실은 다른 모습이고, 그 뒤에 감추어야 할 무엇이 들어 있음을 처음부터 전제

『삼국유사』를 중심으로」, 『한국문학논총』, 제14회, 1993년 11월, 137쪽.

74) 홍기영, 『셰익스피어 낭만 희극의 공간 구조』, 형설출판사, 1996, 246쪽.

75) 이인성, 『축제를 향한 희극―몰리에르에 관한 한 연구』, 문학과 지성사, 1992, 46쪽.

한다는 점에서 일종의 속임수인 은폐입니다. '본래적 자아 (true-self)'는 냉혹한 현실 앞에서 '가상적 자아(pseudo-self)'를 내세워 그 뒤에 숨습니다.[76] 변장은 '갈려진 자아'이 며 불가분의 양면으로 드러나는 인간 실체의 숨어야 하고 숨 겨야 하는 얼굴이자 가면입니다. 여기서 변장을 위해 쓰는 가면은 중요한 기제로 사용됩니다. 가상적 자아의 위장인 가 면으로, 억제하고 거부하고 싶은 본래적 자아를 숨기는 것입 니다. 관객은 변장 모티프를 통해서 자신을 과감히 내세우기 힘든 현실에서 가면을 써서 자신을 은폐하고자 하는 인물을 이해하게 됩니다.

3. '위협의 전략': 자아와 반자아의 이중성

다음으로, 변장에서 드러나는 이중성은 '위협의 전략'입니다. 우리는 자기를 사회 속에 드러내기 위해서 변장을 사용합니다. 금지된 욕망 속에서 작동하는 변장은 이중성격, 이중부정, 이중기능으로 나타납니다. 첫째, 변장은 한편으로는 욕구의 실현이지만, 다른 한편으로는 하나의 인간 속에 내재 하고 있는 두 가지 성격의 모습의 '이중성격'입니다. 둘째,

---

76) 김용록, 「변증법적 전략과 해체적 전략—브레히트의 『사천의 선인』에 나타난 이중적 변신」, 『건국대학교 대학원 학술논문집』, 제51집, 2000, 건국대학교 대학원, 7쪽.

변장은 감추어진 무엇인가에 대한 부정이기도 하고, 그 감추어진 것을 거부된 정체성으로서 자신의 속성으로 취한다는 의미에서 '이중부정'이자 '이중거부'입니다.[77] 셋째, 변장은 자신의 상실을 감추고 부인하는 방식으로 그 상실을 보존한다는 점에서 '이중기능'을 갖고 있습니다.

변장의 자아/반자아는 억압/욕구, 위선/진실, 충동/사회 등 양면성으로 나타납니다. 사회를 유지하는 규율은 불가피하게 인간의 본능을 제한하며 주어진 대상들 속에서 살게 하는데, 그 원초적인 생명력의 제한이 한계를 노출하여 사회가 위협받게 되면, 가면에 의해 새롭게 창조되는 대상을 매개로 사회의 내적 삶의 범위를 넓혀갑니다. 그래서 변장은 인간의 본능과 생명력과 관계됩니다. 변장을 한 인물은 자신의 자아/반자아라는 정반대 역할을 할 수 있습니다. 이때 변장은 자아가 추구하는 완전함이자 불가능한 이상의 상징인 낙원(Townland)으로 가는 과정이 됩니다.[78] 변장은 인물의 '이중적인 능력'을 중요시 여깁니다. 훌륭하게 잘 위장된 외면

77) 조현순, 「환상적 주체와 가면으로서의 여성성—안젤라 카터의 『서커스의 밤』 연구」, 『인문학 연구』, 제4호, 경희대학교 인문학 연구소, 2000, 363쪽.
78) 이명옥, 「깊은 정서적 불안으로서 사랑과 고통의 마스크: *In The Seven Woods*」, 경기대학교 영어영문학회, 『경기영문학』, 제7집, 2002, 358쪽.

과 내면의 차이가 이중성을 통한 위협을 나타냅니다.

　주인공은 자신보다 무지한 다른 등장인물들을 조롱하고, 현실과의 상호작용에 적극적인 의지로 참여하고 저항하여 체제를 위협하고자 하는 욕구를 표현하게 됩니다. 일탈적 인물이 구현하는 일탈적 행위의 양상도 자아와 세계에 존재하는 운명적인 대립 양상의 구현이라는 점에서 매우 중요한 담론의 요소가 됩니다.[79) 변장은 이러한 일탈과 위반의 욕구를 실현시킴으로써 자신의 비판적 자아를 위협적으로 드러내고자 합니다. 웃음의 유일한 규범이 '규칙의 위반과 규범으로부터의 일탈'[80)입니다. 그래서 코미디영화를 보는 관객의 쾌감은 변장을 통한 속임수로 주인공이 규범에서 일탈할수록, 지배적 다수를 궁지에 몰아넣을수록 더욱 증대합니다.

4. '변신의 전략': 놀라운 잠재력과 변신의 힘

　마지막으로, 변장은 역할 바꾸기를 통한 '변신의 전략'입

---

79) 강상대, 「1970년대 소설에 나타난 일탈구조 연구―황석영·조세희의 소설을 중심으로」, 중앙대학교 대학원 문예창작학과 박사학위논문, 2000, 54쪽.

80) 원용진·박근서, 「텔레비전 유머 광고의 '웃음'에 관한 연구―수용자와 소비자의 주체 전형 문제를 중심으로」, 『광고 연구』 제42호, 1999, 141쪽.

니다. 인간은 변장을 함으로써 그 가면이 표현하는 존재와 동일화되고 합치되고자 합니다. 속임수와 변신을 통해서 통합(동화)되는 것입니다.[81] 변장은 유희성의 공간 속에서 변장을 통한 역할 바꾸기를 시도하여, 평상시의 질서가 전도되는 경험을 만듭니다. 사육제 축제일에는 각종 뒤바뀜의 행사도 이루어졌습니다. 주인과 종의 신분도 뒤바뀌어 종이 주인에게 명령을 내리기도 하고, 신하가 왕에게 지시를 하며 왕의 후궁과 동침하기도 하였습니다. 하층계급은 상층계급으로, 여자는 남자로, 남자는 여자로, 젊은 세대는 기성세대로 역할이 전도됩니다. 이런 역할 바꾸기에서는 하층계급, 여자, 젊은 세대가 상층계급, 남자, 기성세대를 조롱하고 비판합니다. 그것은 변장이기에 허용되는 공간입니다.

변장의 개념은 그 자체가 이중적 인간을 전제로 합니다. 이중성의 간극이 클수록 변장을 통한 변신 욕구가 커집니다. 가면을 통한 변장이 실제적인 존재를 변모시킴으로써, 인간의 놀라운 잠재력과 변신의 힘을 깨닫게 합니다. 그래서 가면은 한편으로는 '위선의 상징'이며, 다른 한편으로는 아무도 보이는 그대로가 아니어서 '진실의 상징'으로도 볼 수도 있습니다. 변장을 한 인물은 사회의 문제와 갈등에 대해 변

---

81) 이인성, 『축제를 향한 희극—몰리에르에 관한 한 연구』, 문학과 지성사, 1992, 44~45쪽.

장을 통해 초월하여 해결하고자 합니다. 이런 변장의 주술적 기능은 가면으로 상징되는 존재, 가면을 쓴 자, 가면을 보는 자 사이에서 발휘됩니다. 인물의 욕망과 사회의 갈등은 변장의 잠재력과 변신의 힘으로 해결될 수 있습니다. 관객은 변장을 통한 역할 바꾸기를 통해 카니발적인 전복과 일탈, 나아가서 변신의 공간을 꿈꿉니다. 관객은 변장이라는 환상과 주술을 통해 진정한 자아, 자유, 현실에 대한 변혁의지, 소망스런 주체를 꿈꾸고 그 목적을 달성하고자 합니다.

5. 환상 만들기 게임과 변모의 변증법

관객은 변장을 통한 자유와 안전 속에서 어떠한 발견보다도 우월감을 느끼며 게임에 적극적으로 참여합니다. 이러한 '환상 만들기 게임'에서 중요한 것은 바로 관객의 역할입니다. 변장은 관객과 주인공이 공모하여 벌이는 게임입니다. 남자가 여장을 한 경우, 같은 남자에게 구애를 받는다는 설정도 또한 희극적인 상황이 됩니다. 무엇보다도 변장으로 인한 희극적인 분위기는 변장 사실에 대한 다른 인물들의 무지와 당황입니다. 이런 기법은 관객의 우월성을 충족시켜줍니다. 변장에서는 주로 하층계급의 변장에 대해 상층계급의 남자의 무지와 당황이 주요 웃음의 대상이며 조롱거리입니다. 변장에 대한 인지로 인해 관객은 우월적인 입장에서 극을 일정부분 예측하고, 일정부분 호기심과 긴장감에서 따라가게 됩니다.

변장은 질서 유지와 전복을 동시에 표방한다는 점, 역할 바꾸기를 통한 조롱과 비판, 육체성과 유희성에 대한 강조, 관객의 적극적인 참여, 주술문화를 통한 목적 달성 등에서 카니발의 공간입니다. 주인과 종의 신분이 전도될 수 있다는 사실의 하부구조는 매우 희극적인 것이며, 축제 정신의 본질입니다. 축제 정신은 기존의 모든 질서와 체제로부터 해방되는 '변모의 변증법'이 됩니다. 변장을 통한 역할 바꾸기도 이러한 전도와 변모의 변증법의 의미를 담고 있습니다. 모든 윤리적, 도덕적, 사회적, 종교적인 구속과 제약에서 벗어나 마음껏 웃음을 터뜨리고 최고의 해방감과 자유를 느끼게 하는 것이 축제 정신의 본질입니다. 코미디는 성차별이나 신분차별, 계급차별 같은 사회적 억압을 일시적으로 풀어주며, 억압이 존재하는 문화권에는 어디에나 존재하는 전통적인 가면 축제가 보여주는 폭로와 풍자성을 계승합니다. 변장은 사회의 부조리나 경직성을 조롱하고 비판하는 것에 못지않게 놀이를 통하여 관객의 유희 본능을 충족시키고 있습니다.

[영상] 〈미세스 다웃파이어〉 다니엘의 변장이 벗겨지면서
정체가 드러나는 장면

6. 코미디영화의 변장 텍스트

〈미세스 다웃파이어〉에서 다니엘이 변장을 통해 보여주
는 세 가지 전략, 즉 은폐 전략, 위협 전략, 변신 전략이 핵심
모티브가 됩니다. 첫째, 은폐 전략을 통해 변장 사실에 대해
무지한 인물인 전처와 그녀의 애인을 조롱합니다. 둘째, 위
협 전략을 통해 의도와 다른 결과를 빚게 되는 상황의 아이
러니를 보여줌으로써 다니엘을 조롱합니다. 셋째, 변신 전략
을 통해 책임감 있는 가장으로 거듭나려는 인물의 변신 욕구
를 드러냅니다. 이러한 세 가지 전략을 통해 가정 해체의 원
인이 되는 무책임한 남편과 엄격한 아내를 동시에 비판하며,
상층계급의 허위의식과 자만을 조롱한다는 점에서, 변장은
내러티브 주요 동인이면서 재미와 웃음 창출의 주요 요인으
로 작용합니다.82)

1960년대 변장 코미디영화 〈살살이 몰랐지〉(1966), 〈역
전 중국집〉(1966), 〈남자 미용사〉(1968), 〈남자와 기생〉

---

82) 서곡숙·이호(외), 앞의 책, 64쪽.

성 변장을 소재로 한 〈미세스 다웃파이어〉와 〈남자와 기생〉 포스터

(1969), 〈산에 가야 범을 잡지〉(1969)에서는 주인공이 위기를 극복하기 위해서 성 변장과 신분 변장을 합니다. 주인공은 변장을 통해 공동체의 이데올로기에 맞춰 자신의 진의를 은폐하고, 변장의 힘을 빌려 사회에 대한 비판을 행하여 지배 이데올로기를 위협하고, 힘겨운 난관에 직면하여 변신을 통해 적극적으로 해결하고자 합니다. 1960년대 변장 코미디 영화에서는 성 변장과 신분 변장이 나옵니다. 이때 주인공의 변장을 알지 못하는 상층계급을 조롱하고 변장을 통해 주인공을 희화화시킴으로써 관객의 웃음과 쾌락을 창출합니다.

　남자의 여장과 여자의 남장은 성정체성의 은폐, 다른 인물들의 무지, 동성애적 욕망의 표출 등으로 코미디영화에서 인기 있는 플롯 패턴이 됩니다. 빌리 와일더의 〈뜨거운 것이

[사진] 〈투씨〉 여장한 마이클이 줄리와 있는 장면

좋아〉(Some Like It Hot, 1959)에서는 죠(토니 커티스)와 제리(잭 레먼)가 여장하는 내용으로, 슈가(마릴린 먼로)에 대한 사랑과 백만장자 필딩의 구애로 난처한 상황에 직면합니다. 시드니 폴락의 〈투씨〉(Tootsie, 1982)에서는 배역을 얻지 못하던 마이클(더스틴 호프만)이 도로시로 여장하여 직업을 얻지만 줄리(제시카 랭)에 대한 사랑으로 고민합니다. 블레이크 에드워즈의 〈스위치〉(Switch, 1991)에서는 플레이보이로 많은 여자들에게 상처를 준 스티브가 아만다(엘렌 바킨)로 환생하여 성적 차이를 경험하게 됩니다. 한지승의 〈찜〉(1998)에서는 친구의 누나 채영(김혜수)을 짝사랑하는 준혁(안재욱)이 여장하여 채영과 친해지지만 자신의 사랑을 드러낼 수 없는 상황에 처하게 됩니다. 이런 코미디영화에

[사진] 〈로마의 휴일〉 로마 스페인 광장에서 앤 공주가 젤라또를 먹는 장면

서는 남자 배우의 여자 분장이 더 웃긴다는 점에서 남자의 여장 이야기가 압도적으로 많이 나타납니다. 이런 성 변장을 통해 성적 차별, 동성애적 욕망, 인지의 차이로 인한 조롱 등을 보여줍니다.

신분 변장에서는 신분이 높은 사람이나 부유한 인물이 신분이 낮거나 가난한 인물로 변장하여 새로운 생활과 사랑을 경험하게 됩니다. 윌리엄 와일러의 〈로마의 휴일〉(Roman Holiday, 1953)에서는 앤 공주(오드리 햅번)가 궁을 탈출해 미국 신문기자 조 브래들리(그레고리 펙)를 만나 즐거운 서민생활을 맛봅니다. 에밀 아돌리노의 〈시스터 액트〉(Sister

Act, 1992)는 카바레 삼류 가수 들로리스(우피 골드버그)가 수녀로 변장하여 성가대를 변혁하는 이야기입니다. 척 러셀의 〈마스크〉(The Mask, 1994)에서는 평범한 은행원 스탠리(짐 캐리)가 고대 유물 마스크를 써서 변신함으로써 티나(카메론 디아즈)의 사랑과 자신감을 얻게 됩니다. 이러한 신분 변장을 통해 빈부와 신분 격차에 대한 비판, 폐쇄적인 사회에 대한 위협, 신데렐라 콤플렉스, 상층계급에 대한 조롱, 규범으로부터의 일탈 등으로 쾌감을 창출합니다.

제10장 코미디영화의 하부 장르

1. 로맨틱 코미디영화와 정보 전략

로맨틱 코미디영화는 코미디영화와 로맨스/멜로드라마의 결합입니다. 로맨틱 코미디영화는 용어상 연애담인 로맨스와 우스개라는 코미디의 합성어지만 서양이나 한국의 영화 용어 사전에 공식적으로 채택된 장르상의 용어는 아닙니다. 한국에서는 〈결혼 이야기〉(1992)를 필두로 하여 1990년대 초반 '로맨틱 코미디영화'라는 하부 장르가 성행하게 됩니다. 1990년대에 와서 여성의 비극적 운명을 그리던 멜로드라마가 코미디 장르와 결합하게 되면서, 새로운 로맨틱 코미디라는 장르로 변형됩니다.83) 이런 장르적 결합으로 비극적인 정서는 희극적인 정서로 변하고, '사랑'을 플롯축으로 하여 해피엔딩의 결말을 갖게 되었습니다.

1990년대 로맨틱 코미디영화에서 남성인물은 파워게임의 실체를 인식하고 적극적인 '가부장적 권위 찾기 전략'을 세워 그에 따른 행동을 수행하는데 비해, 상대역인 여성인물은 이 파워게임의 실체를 모르는 채 남성의 계획에 따라 웃고 우는 '타자'로 내러티브에서 소외를 겪습니다. 고학력 여성의 전문직 진출과 남녀평등이라는 징후가 싹을 틔우는 현상에 대해, 그동안 남성이란 이유로 특권과 기득권을 누려온 일부 남성이 갖는 피해의식과 잘난 여자 콤플렉스가 로맨틱 코미디영화가 도입하는 상황의 존재 근거입니다.

1990년대 로맨틱 코미디영화의 대표작 김의석의 〈결혼이야기〉(1992)에서는 태규(최민수)와 지혜(심혜진)가 사랑에 빠져 결혼하지만 사사건건 대립하게 됩니다. 남녀 주인공들은 계층 차이는 적은 반면, 사랑을 강요하는 남자와 일을 중시하는 여자 사이의 갈등이 부각됩니다. 일에 대한 여자의 열정이 장애물로 등장하며, 이 문제는 여자가 자신의 일을 포기함으로써 해결됩니다. 남녀 대결은 강한 여성과 강한 남성이 대립관계를 이룬다는 점에서 이전의 멜로드라마의 순

83) 최미숙, 「한국 기획영화의 장르적 특성에 관한 연구―2001~2003년 한국영화 흥행작을 중심으로」, 동국대학교 문화예술대학원 영화영상예술전공 석사학위논문, 2002, 31쪽.

〈결혼 이야기〉(1992) 포스터

종적인 여성과는 사뭇 다르지만, 여전히 남성의 욕망이 충족됨으로써 여성의 욕망이 좌절되는 모습을 보여줍니다.

2000년대 로맨틱 코미디 영화에서는 남녀 역할의 전복으로 강한 여성과 약한 남성을 보여주며, 여성이 자신의 욕망을 충족시키기 위해서 능동적으로 사건에 개입합니다. 모지은의 〈좋은 사람 있으면 소개시켜 줘〉(2002)에서는 커플매니저 효진(신은경)이 어리숙한 킹카 현수(정준호)의 연애 사업을 도와줍니다. 윤학렬의 〈오! 해피데이〉(2003)에서 성우 희지(장나라)가 매력적인 킹카 현준(박정철)의 마음을 얻기 위해 고군분투합니다. 남녀 주인공은 성격이나 가치관에서 큰 차이를 보이지만, 주인공이 여주인공에게 일과 사랑 중에서 선택하라고 강요하지 않습니다. 그녀에게 일과 사랑은 상부상조의 관계입니다. 여주인공은 직접 유리구두를 들고 자신에게 가장 어울리는 백마 탄 왕자를 찾아 나서며, 결국 남성이 자신을 신데렐라로 인식하게 만드는 적극성을 보입니다. 이러한 신데렐라 콤플렉스는 여주인공

[사진] 〈오! 해피데이〉 희지와 현준이 욕쟁이 할머니에게 농담을 듣는 장면

의 자립심의 부족이라기보다는 힘겨운 일상에서 탈출하려는 의지로 봐야 합니다. 남자의 무관심이 결합의 장애물이 되고 있다는 점에서, 어려운 현실에 대한 상층계급 남성의 무관심을 하층계급 여성이 간접적으로 비판하고 있습니다. 여주인공은 허술하면서도 코믹한 여성으로 설정되어, 체제의 견제를 피해갑니다. 여주인공은 코믹한 관점으로 앎의 의지를 통한 삶의 의지를 내세우며, 공생과 화해를 모색하고, 힘겨운 삶과 현실과의 갈등을 극복해 나갑니다.

김경형의 〈동갑내기 과외하기〉(2003)는 동갑내기 과외교사 수완이 쌈짱 지훈을 가르친다는 점에서 아이러니한 관계를 보여줍니다. 여주인공과 주인공은 육체와 정신에서 상호보완적이며, 여주인공의 일과 사랑이 정비례한다는 점에서 다소 진일보한 여성관을 보여줍니다. 실직한 집의 딸과 벼락

[사진] 〈동갑내기 과외하기〉 지훈이 술에 취한 수완에게
우산을 씌워주는 장면
[영상] 지훈이 수완에게 "눈 깔아!"라고 말하는 장면

부자의 아들이라는 점에서 남녀 갈등은 사실상 계급 갈등과
연관됩니다. 이 영화에서는 돈으로 모든 것을 해결하려 하고
가난한 사람을 무시하는 상층계급의 물질만능주의를 비판하
는 반면에, 억척스럽게 견디는 하층계급의 삶의 의지와 코믹
한 삶의 관점을 찬양합니다.

2. 조폭 코미디영화와 희생제의

조폭 코미디영화는 조폭영화와 코미디영화의 결합입니다.
한국영화 흥행사를 새롭게 쓴 〈친구〉로 인해 조폭이라는 소
재가 새로운 주목을 받게 되었고, 〈넘버3〉로 인해 조폭이라
는 소재와 코미디영화라는 장르의 결합이 좋은 시너지 효과

를 낸다는 것을 깨닫게 됩니다.[84] 그리고 〈주유소 습격 사건〉을 시작으로, 예상밖의 흥행을 한 〈조폭마누라〉, 〈신라의 달밤〉, 〈달마야 놀자〉, 〈두사부일체〉, 〈가문의 영광〉 등의 조폭 코미디영화들이 흥행 돌풍을 일으키며 코미디영화의 하부 장르로 자리매김하게 됩니다.

조폭 코미디영화는 코미디영화라는 장르 중에서도 조직폭력배라는 특성을 가진 영화입니다. 메를로퐁티에 따르면, 순수함과 폭력 중 어느 하나를 선택하는 것이 아니라, 다양한 종류의 폭력 중에서 어느 하나를 택하는 것입니다.[85] 조폭 코미디영화의 폭력은 여러 가지 종류의 폭력 중에서 '희생제의적 폭력'의 성격을 강하게 띠고 있습니다. 르네 지라르에 의하면, 내부의 폭력을 없애고 집단의 조화와 공동체의 일치를 확립하기 위해서, 폭력의 배출구를 위한 희생물의 대체작용이 필요합니다. 희생물은 그것이 대신하는 것과 비슷하면서도 차이가 뚜렷해야 하며, 사회에서 배척되어 복수의 위협이 없어야 합니다. 조폭은 바로 폭력의 배출구를 위한 대체

84) 최미숙, 「한국 기획영화의 장르적 특성에 관한 연구—2001~2003년 한국영화 흥행작을 중심으로」, 동국대학교 문화예술대학원 영화영상예술전공 석사학위논문, 2002.
85) Maurice Merleau-Ponty, *Humanisme et Terreur*, Éditions Gallimard, 1947, 모리스 메를로-퐁티, 『휴머니즘과 폭력—공산주의 문제에 대한 에세이』, 박현모·유영산·이병택(공역), 문학과 지성사, 2004, 146쪽.

작용이며, 보복의 우려가 없는 희생제물입니다.

조폭의 성격적 이중성으로 인해서 조폭은 공동체 내부와 외부의 경계선에 있습니다. 첫째, 조폭은 포로처럼 존경과 숭배의 대상이면서, 동시에 모욕과 경멸의 대상입니다. 둘째, 조폭은 파르마코스처럼 부정적인 이미지를 넘겨받은 희생물이면서, 동시에 모든 위계질서를 전도시키는 카니발의 왕이 됩니다. 셋째, 조폭은 사형수처럼 권력의 희생물이면서도, 어떠한 권력에 의해서도 굴복하지 않는 의지를 표상하게 됩니다.

김상진의 조폭 코미디영화 〈신라의 달밤〉(2001)은 쌈짱 최기동(차승원)과 모범생 영준(이성재)이 교사와 조폭으로 다시 만나 민주란(김혜수)을 놓고 경쟁을 한다. 이 영화는 조폭을 좋은 조폭과 나쁜 조폭으로 나눈 후, 좋은 조폭이 나쁜 조폭을 응징하고 희생물로 바치는 권선징악적 구조를 보여줍니다. 좋은 조폭은 일반인에 비해서는 악당이지만 나쁜 조폭에 비해서는 정의롭다는 점에서, 예전에 처벌당했던 악당의 화려한 부활입니다. 조폭 코미디영화의 계속되는 흥행은 바로 반영웅을 원하는 관객 욕구의 표현이자 결과입니다. 조폭 코미디영화는 코미디영화의 테두리 안에서 질서와 평화라는 귀결된 해피엔딩을 염두에 두고, 모든 폭력, 전도, 전복, 위반을 저지르는 것입니다.

정흥순의 조폭 코미디영화 〈가문의 영광〉(2002)은 〈가문

[사진·영상] 〈신라의 달밤〉 기동과 영준이 주란을 놓고 신경전을 벌이는 장면

의 위기 – 가문의 영광2〉(2005), 〈가문의 부활 – 가문의 영광 3〉(2006), 〈가문의 영광4 – 가문의 수난〉(2011), 〈가문의 영광5 – 가문의 귀환〉(2012)으로 이어집니다. '가문의 영광' 시리즈는 조폭 코미디영화 중 가장 많은 시리즈를 탄생하며, 매 시리즈마다 어느 정도 흥행했다는 점에서 주목할 만합니다. 이 영화는 열등감 혹은 문제를 갖고 있는 조폭 가문이 의리, 정의, 유머가 있으며, 생존하기 위해서 끊임없이 노력한다는 점에서 대중의 호응을 얻고 있습니다. 부모가 두목이고 자식이 부두목이라는 점에서 가부장적 체계가 사적, 공적 관

[사진] 〈가문의 영광〉 진경이 대서가 자는 동안 계란을 먹는 장면

계에서 더욱 강화됩니다. 이런 점에서 연애, 결혼 등 사적 관계 자체도 조직과 연관되어 공적 관계에서 문제를 일으킨다. 의리 있는 주인공 조폭 가문과 배신하는 라이벌 조폭 일당을 좋은 조폭/ 나쁜 조폭, 좋은 폭력/ 나쁜 폭력으로 구별하여 권선징악적 결말과 희생제의를 보여줍니다.

3. 풍자 코미디영화와 경멸의 에토스

풍자는 인간성의 악이나 어리석음을 희화화시키고 그 수정을 지향한다는 점에서, 수정적이고 혁명적입니다. 풍자는 현실의 불합리한 요인들에 대한 비난인 동시에, 풍요롭고 이상적인 사회에 대한 기원일 수 있습니다. 그래서 공격성과 축제성을 동시에 가지고 있는 코미디와 그 맥을 같이 하고 있습니다. 코미디와 풍자의 공통점이 갈등, 긍정, 웃음이라면, 코미디와 풍자의 차이는 바로 공격성, 아이러니입니다. 따라서 풍자 코미디영화라는 하부 장르는 코미디영화라는 장르 중에서도 공격성과 아이러니가 강조되는 특성을 지닌다. 풍자의 에토스는 '경멸적 에토스'이며, 현실의 모순을 찌르는 바늘입니다. 많은 코미디영화들에서 풍자는 현실의 모순과 이상의 편협함 둘 다에 대한 경멸적 에토스를 보여줍니다.

코미디영화들에서 주인공은 풍자의 대상이면서 동시에 풍자의 주체란 점에서 아이러니를 내포하고 있습니다. 한편으로, 주인공은 불합리하고 허위적인 현실을 비판하지만, 생계를 유지하기 위해서 그 현실 속에 있어야 합니다. '현실'은 참을 수밖에 없는 존재의 가벼움입니다. 다른 한편으로, 주인공은 조력자로 인해 드러나는 따뜻한 가족애와 명예로운 정의라는 '덕, 도덕, 가치' 등을 지향하고자 하지만, 주인공은 가족을 지키기 위해서는 정의를 버려야 하고, 정의를 지키기 위해서는 가족을 버려야 하는 아이러니한 상황에 빠집니다. 이상은 참을 수 없는 존재의 무거움입니다.

한국 영화사는 특수한 정치적 상황으로 인해 풍자의 소재에 있어서 제한을 많이 받아왔습니다. 그리하여 주로 우회적으로 서민계층이나 사회 풍속에 대한 풍자 코미디영화들 위

[사진] 〈선생 김봉두〉 개천에서 학생들과 물고기를 잡는 장면

주로 제작되는 경향을 보여 왔습니다. 1950년대 후반기에는 사회의 풍속에 내포되어 있는 모순을 폭로하는 풍자를 주된 형식으로 내걸어 인간들의 탐욕, 시기심, 속물근성을 풍자했습니다.[86) 1960년대 전반기에는 현실의 불투명함과 부조리함을 풍자의 대상으로 삼았습니다. 1990년대 후반기에는 다양한 장르와 결합된 영상으로 한국 사회의 모습을 희화화하여 풍자하였습니다.

2000년대 한국의 풍자 코미디영화인 〈킬러들의 수다〉

---

86) 오영숙, 「코미디 영화의 세 가지 존재 방식—50년대 코미디 영화를 중심으로」, 한국영화학회, 『영화연구』, 26호., 2005, 252~253쪽.

(2001), 〈광복절 특사〉(2002), 〈선생 김봉두〉(2003), 〈황산벌〉(2003)은 세 가지 실천 양상을 보입니다. 첫째, 악행과 선의를 가진 주인공의 이중적인 성격이 현실과 이상의 갈등을 구현하기 때문에, 상대적으로 적대자의 역할이 미비합니다. 둘째, 조력자는 가장 무지하여 조롱당하지만 순진의 아이러니를 통해 오히려 주인공과 적대자를 비판하며, 주인공은 이런 조력자의 영향으로 현실을 지양하고 이상을 지향하게 됩니다. 셋째, 인물·플롯·주제의 이중성과 해피엔딩의 모호성은 틈새와 균열을 드러내어, 현실과 이상 모두에 대한 경멸의 에토스를 보여줍니다. 이러한 풍자 코미디영화의 실천 양상에서의 특이성은 관객에게 적대자 조롱을 통한 카타르시스, 입체적 인물과의 동일시, 상반성으로 인한 독해의 즐거움을 선사합니다.

4. 액션 코미디영화와 육체의 재현

예술사에서 육체의 재현은 남성의 육체에서 여성의 육체로, 이상적인 육체에서 현실적인 육체로 변화하였습니다. 육체는 다양성, 정체성, 상호 신체성을 상징하며, 시각과 동작을 중심으로 하는 영화는 이러한 육체적 재현을 잘 보여줍니다. 액션 코미디영화에서 적대자는 억압적인 아버지와 '원한의 인간'인 상급자입니다. 주인공은 아버지의 명령과 상급자의 규율로 인해 훈육되는 육체, 복종하는 육체가 됩니다. 그래서 근대를 상징하는 적대자의 명령하는 육체, 경제적 인간, 하드 바디 그리고 탈근대를 상징하는 주인공의 복종하는 신체, 생태적 인간, 소프트 바디가 서로 대응합니다.

2000년대에 들어와서 대중문화, 솔직한 성 담론, 여성 시선의 부상에 근거하여 육체 담론이 활발해지고 있습니다. 영화는 육체 담론을 둘러싼 이런 변화를 잘 보여주고 있습니다. 특히 2000년대 한국 액션 코미디영화는 육체의 재현과 관련하여 세 가지 특이성을 보여줍니다. 첫째, 이전 시기와 다른 체현된 자아와 재현 방식의 변화를 보여줍니다. 둘째, 남성 육체의 재현을 통해 인물의 정체성, 갈등, 욕구를 보여줍니다. 셋째, 이전의 영화들에서는 주로 시선의 주체인 남성이 대상인 여성의 육체를 응시한다면, 이 시기에 들어와서는 시선의 주체인 여성이 대상인 남성의 육체를 응시합니다.

〈반칙왕〉(2000)과 〈화산고〉(2001)에서 주인공은 규율의 목표인 순종성과 효용성 중 하나를 결여하고 있어서 '복종하는 육체'에서 일탈하게 됩니다. 가상적 정체성과 실제적 정체성 사이에서 갈등하는 주인공은 소프트 바디와 하드 바디 사이에서 분열하는 '연기하는 육체'로 재현됩니다. 적대자의 시선이 주인공의 감시의 내재화라는 결과를 낳는 데 반해, 연인의 시선은 주인공의 잠재력의 표출이라는 결과를 낳는다. 친구를 희생물로 바치려는 적대자의 희생제의에 직면하

[사진] 〈반칙왕〉 대호가 가면을 쓰고 소연을 찾아가 고백하는 장면

[사진] 〈화산고〉 경수가 샤워를 하다가 내공으로 물을 움직이는 장면

여, 주인공은 마침내 자신의 잠재력을 드러냅니다. 액션 코미디영화에서 육체의 재현은 한국사회의 위기를 반영하고 있습니다. 적대자의 육체는 공동체의 이익을 추구하는 척하

지만 사실상 자기의 이익만을 추구한 국가체를 나타내며, 주인공의 육체는 이러한 위기를 변화의 노력과 변신의 욕구로서 해결하고자 하는 대중의 욕망을 재현합니다.

5. 여걸 코미디영화와 일탈의 삶

가부장제는 여성과 남성 간의 사회관계에 모종의 권력을 개입시켜 남성은 여성에 대해 우월감을 느끼도록 하는 반면, 여성은 남성에 대해 예속감과 열등감을 느끼도록 합니다. 이러한 열등감과 우월감은 남녀 관계에서 지배/피지배, 우월/열등의 논리로 작용하여, 남성 중심적인 문화를 형성하는 것입니다. 남성 중심의 문화 속에서 여성은 현모양처 혹은 성적 대상으로 규정됩니다.[87] 여성들이 가부장제 이념들에 자발적으로 동의하는 까닭은 여성에게 현실적인 혜택과 보상이 주어지기 때문입니다. 반면에, 파격적인 여성들은 대부분 가부장제를 거슬린 것에 대해 남성이나 제도로부터 처벌받게 됩니다.

가부장권에 영향을 주는 것은 부인의 괴팍한 성격, 경제적인 측면의 기여도, 가족 공헌도 등입니다. 코미디영화에서는

---

87) 이선옥, 「여성과 문화읽기」, 『한성어문학』 17호, 1998년 5월호, 163쪽.

경제권을 쥐면서 강해진 여성의 등장에 대한 두려움과 거부감으로 인해 강박적으로 등장하는 악녀 캐릭터가 나타납니다. 사치와 허영이 있는 여성은 사회적으로 처벌의 대상이며 일종의 사회악이며, 가정, 즉 가부장제를 위협하여 가정을 위기에 처하게 만듭니다. 여걸 코미디영화에서 주로 문제가 되는 것은 중산층에 의해서 비판받는 자본가 계급이 아니라, 가부장으로서의 아버지 상을 박탈하여 무질서를 만들어낸 여성들입니다. 이때 '여성+부(富)=무질서'라는 공식이 깔려 있습니다. 코믹한 변형의 대상인 배금주의적 여성 인물은 결혼과 경제에 대한 종속이라는 여자의 관행적 제약으로부터 탈출할 수 있는 하나의 수단을 의미하지만, 괴짜 같은 여주인공들로 재현됨으로써 이데올로기적으로 불신 받고 버림받습니다.

여걸 코미디영화에서 여성은 기이한 여성, 일탈적 여성, 배금주의적 여성 등으로 재현됨으로써, 이러한 괴짜 여성의 적극적인 성격이 부정적인 의미로 나타납니다. 왜냐하면 기가 센 여성에 대한 선입견과 이미지가 가정에 머무는 현모양처가 아니라, 자유롭고 구속을 싫어하고 일에 매진하며 가정보다는 자신을 위주로 살아가기 때문입니다. 여걸 코미디영화는 기존의 관념을 뒤집는다는 점에서 가부장제 질서를 위협하는 한편 가부장제의 질서로 회귀하는 것을 유쾌하게 보여주고 있습니다. 기이한 여성이 보여주는 규범으로부터의 일탈은 매력의 원천이면서 동시에 남성에 대한 도전이라는 점에서 '기이함과 관행 사이의 유희'를 보여줍니다. 코미디는 언급되어진 동시에 부정되는 중대한 함의를 통해 또는 부정을 통해 언급된 잠재적인 '이중독해(double-reading)'의 작용에 의존합니다.

1960년대와 1970년대 여걸 코미디영화인 이형표 감독의 '말띠 3부작' 〈말띠여대생〉(1963), 〈말띠신부〉(1966), 〈말띠며느리〉(1979)를 살펴보면 다음과 같습니다. 전반부와 부분적으로는 여성의 일탈을 보여주는 반면에, 후반부와 전체적으로는 여성의 순응을 보여주고 있어서 모순된 양상을 드러냅니다. 기가 센 여성은 수동/능동, 순종/저항의 양가성을 가지며, 가부장제의 순응/일탈을 동시에 보여주고 있습니다. 갈등을 봉합하면서도 계속 갈등을 드러내고 있고, 여성 자신의 욕구와 사회의 요구 사이의 내재적 갈등이 여성과 남성의 외재적 갈등으로 표출된다는 점에서 여성들의 적극적이고 다양한 협상이 현재 진행 중임을 암시합니다.

조진규의 〈조폭마누라〉(2001)에서는 아내가 가장 남성적인 조직인 조폭에서 부두목인 반면에, 남편은 순진무구하고 나약하다는 점에서 인물의 대조를 보여줍니다. 조폭 부두목인 여주인공에게 결혼과 출산을 요구함으로써, 일탈적인 공적 관계와 규범적인 사적 관계 사이의 딜레마에 처하게 만듭니다. 이 영화는 강한 여성과 약한 남성을 통해 기존의 남

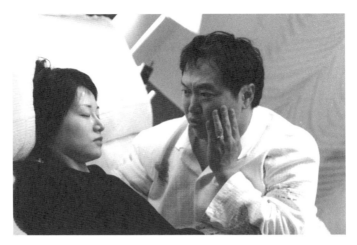

[사진] 〈조폭마누라〉 남편 강수일이 조폭 마누라 차은진을 쳐다보는 장면

녀 관념을 뒤집는다는 점에서 기이함과 관행 사이의 유희를
보여줍니다. 조폭 부두목라는 자신의 욕구와 결혼-출산이라
는 가족의 요구 사이의 갈등을 통해 가부장적 질서의 위협과
회귀를 드러냅니다.

참고문헌

[국내 문헌]

강상대, 「1970년대 소설에 나타난 일탈구조 연구—황석영·조세희의 소설을 중심으로」, 중앙대학교 대학원 문예창작학과 박사학위논문, 2000.

강희경, 「Pericles 연구: 여성인물을 중심으로 본 가족과 권력의 관계」, 『고전·르네상스 드라마』, 제7호, 1999년 봄, 고전·르네쌍스 드라마 한국학회.

고현철, 「현대시와 웃음의 의미」, 『시와 사상』, 1995년 봄호.

구모룡, 「패러디 시학의 이데올로기」, 『한국 문학 논총』, 한국문학회, 18호, 1996년 7월.

김문환, 『한국 연극의 위상』, 서울대학교 출판부, 2000.

김면, 「독일 사육제와 가면놀이」, 『비교민속학』, 제19호, 비교민속학회, 2000년 8월.

김성수, 「광고 소구 유형에 따른 소비자 반응에 관한 연구—유머 소구와 비유머 소구의 비교」, 동국대학교 정보산업대학원 광고홍보전공 석사학위논문, 1998.

김영균, 「북한 경희극의 특질 연구—1990년 이후 작품을 중심으로」, 『한국 연극 연구』, 제4집, 한국연극사학회, 2001.

김용록, 「변증법적 전략과 해체적 전략—브레히트의 『사천의 선인』에 나타난 이중적 변신」, 『건국대학교 대학원 학술논문집』, 제51집, 2000, 건국대학교 대학원.

김윤아, 「60년대초의 한국 가족희극영화 연구」, 동국대학교 연극영화학과 석사학위논문, 1995.

김인환, 「희극적 소설의 구조 원리」, 고려대학교 대학원 국어국문학과 박사학위논문, 1981.

김재석, 『한국 연극사와 민족극』, 태학사, 1998.

김혜영, 「한국 연극의 희극적 전통에 관한 연구」, 이화여자대학교 대학원 국어국문학과 석사학위논문, 1986.

동아국어사전위원회(편), 『동아 새 국어사전』, 동아출판사, 1992.

류성민, 『성스러움과 폭력』, 살림, 2003.

류종영, 「웃음의 주관적 성격과 객관적 성격」, 『뷔히너와 현대 문학』, 제19호, 2002년, 한국 뷔히너 학회, 이진문화사, 2002.

문학산, 「1960년대 한국 코미디 영화에 나타난 사랑의 성공과 한바탕 잔치─김화랑의 〈식모 삼형제〉」, 『영상문화정보』, 2001년 여름호, 한국영상자료원, 2001.

박경미, 「텔레비전 코미디 프로그램의 여성 묘사에 관한 연구」, 경희대학교 신문방송대학원 석사학위논문, 1995.

박성봉, 『대중예술의 미학: 대중예술의 통속성에 대한 미학적인 접근』, 동연, 2001.

서곡숙a, 「1960년대 후반기 한국 변장코미디영화의 대중성 연구─변장모티프를 통한 내러티브 전략을 중심으로」, 동국대학교 대학원 연극영화학과 박사학위논문, 2003.

서곡숙b, 「1990년대 전반기 한국영화의 패러디 연구: 〈세상 밖으로〉와 〈남자는 괴로워〉를 중심으로」, 동국대학교 대학원 연극영화학과 석사학위논문, 1998.

서곡숙c, 「2000년대 전반기 풍자 코미디영화의 수사적 전략 분석─〈광복절 특사〉, 〈선생 김봉두〉, 〈킬러들의 수다〉, 〈황산벌〉」, 『영화연구』, 제27호, 한국영화학회, 2005년 12월.

서곡숙d, 『코미디와 전략: 2000년대 전반기 코미디영화의 내러티브 전략』, 홍경, 2016.

서곡숙e, 『코미디와 웃음: 1960년대 후반기 한국 코미디영화의 희극전략』, 홍경, 2016.

서곡숙f, 『코미디와 패러디: 1990년대 전반기 한국영화의 패러디 실천 연구』, 홍경, 2016.

서곡숙g, 『코미디와 가면: 1960년대 후반기 한국 변장코미디영화의 내러티브 전략』, 홍경, 2016.

서곡숙·이호(외), 『영화의 장르, 장르의 영화』, 르몽드코리아, 2018.

서정남, 「영화─음영서사에서 초점화와 서술의 문제」, 한국서사연구회, 『내러티브』, 봄·여름 창간호, 2000.

신현숙, 『희곡의 구조』, 문학과 지성사, 1990/1992.

양현아, 「호주 제도의 젠더 정치: 젠더 생산을 중심으로」, 『한국여성학』, 제16권 1호, 한국여성학회, 2000.

오영숙, 「코미디 영화의 세 가지 존재 방식―50년대 코미디 영화를 중심으로」, 한국영화학회, 『영화연구』, 26호, 2005.

오은실, 「한국영화에 나타난 희극성 연구―사회상의 반영에 따른 특성을 중심으로」, 동국대학교 대학원 연극영화학과 석사학위논문, 1993.

원용진·박근서, 「텔레비전 유머 광고의 '웃음'에 관한 연구―수용자와 소비자의 주체 전형 문제를 중심으로」, 『광고 연구』 제42호, 1999.

원용진, 「장르 변화로 읽는 사회: 인기 드라마 〈모래성〉과 〈애인〉을 중심으로」, 『언론과 사회』, 1997년 여름, 통권 제16호.

유지나a, 「60년대 한국 코미디: 핵심 코드와 사회적 의미작용」, 한국영화학회, 『영화연구』, 15호, 2000.

유지나b, 「90년대 로맨틱 코미디의 욕망기계 장치, 그 전략과 음모」.

윤근섭(외), 『여성과 사회』, 문음사, 1995/1997.

이명옥, 「깊은 정서적 불안으로서 사랑과 고통의 마스크: In The Seven Woods」, 경기대학교 영어영문학회, 『경기영문학』, 제7집, 2002.

이명우, 『희곡의 이해』, 박이정, 1999.

이명자, 「코미디 영화의 형상화 방법으로서 풍자 연구―〈넘버 3〉, 〈엑스트라〉, 〈간첩 리철진〉을 중심으로」, 동국대학교 대학원 연극영화학과 석사학위논문, 1999.

이선옥, 「여성과 문화읽기」, 『한성어문학』 17호, 1998년 5월.

이수자, 「몸의 여성주의적 의미 확장」, 『한국여성학』, 제15권 2호, 한국여성학회, 1999.

이순욱, 「풍자와 패러디」, 김준오(편), 『한국 현대시의 패러디』, 현대미학사, 1996.

이인성, 『축제를 향한 희극―몰리에르에 관한 한 연구』, 문학과 지성사, 1992.

이정국, 「영화에서 아이러니의 종류와 그 활용 실례」, 『영화연구』, 22호, 한국영화학회, 2003.

이준서, 「문학 텍스트 속의 '웃음'」, 『독일학 연구』제10집, 서울대학교 인문대학 독일학 연구소, 2001.

이혜령, 「식민주의의 내면화와 내부 식민지—1920~30년대 소설의 섹슈얼리티, 젠더, 계급」, 『상허학보』, 8집, 상허학회, 깊은샘, 2002.

임종성, 「한국 현대시와 웃음의 양상」, 『시와 사상』, 1995년 봄호.

임효수, 「북한 경희극영화의 희극성과 웃음유발 연구—〈유원지의 하루〉, 〈노래 속에 꽃피는 가정〉을 중심으로」, 동국대학교 석사학위논문, 2001.

정재형a, 「르느와르 영화의 희극성 연구—〈게임의 법칙〉(1939)과 〈프렌치 캉 캉〉(1954)의 텍스트 분석을 중심으로」, 『영화연구』, 13호, 한국영화학 회지, 1997

정재형b, 『정재형 교수의 영화 강의』, 영화언어, 1994.

정준식, 「초기 설화의 변장 모티프 수용 양상—『삼국사기』·『삼국유사』를 중심으로」, 『한국문학논총』, 제14회, 1993년 11월.

정희정, 「『태평한화골계전』의 이야기 방식과 웃음의 원리」, 한남대학교 국어국문학과 박사학위논문.

조종흡, 「장르, 헤게모니 그리고 관객」, 『영화연구』, 20호, 한국영화학회, 2002.

조현순, 「환상적 주체와 가면으로서의 여성성—안젤라 카터의 『서커스의 밤』 연구」, 『인문학 연구』, 제4호, 경희대학교 인문학 연구소, 2000.

최금임, 「바보설화 연구」, 전북대학교 교육대학원 국어교육, 2000년 2월

최미숙, 「한국 기획영화의 장르적 특성에 관한 연구—2001~2003년 한국영화 흥행작을 중심으로」, 동국대학교 문화예술대학원 영화영상예술전공 석사학위논문, 2002.

최미애, 「장르 비평에 대한 연구」, 동국대학교 대학원 연극영화학과 석사학위논문, 1994.

최이정, 「한국 시트콤 장르 경계(境界)와 특성에 관한 연구—코미디 전통과 드라마 형식의 접목성을 중심으로」, 『사회과학 연구』, 논문집 9집, 한남대학교 사회과학연구소, 1999.

한만수, 「한국 서사문학의 바보인물 연구—바보민담, 판소리계 소설, 김유정 소설을 중심으로」, 동국대학교 박사학위논문, 1992.

한양대학교 연극영화과(편), 『영화예술의 이해』, 한양대학교 출판부, 2000.

홍기영, 『셰익스피어 낭만 희극의 공간 구조』, 형설출판사, 1996.

[국외 문헌]

Aristoteles, *De Arte Poetica*, Oxford, 1958, 천병희(역), 『시학』, 문예출판사, 2000.

Christopher Frye, "Comedy", Vogue(January), 1951, 김미예(역), "희극", 송옥(외)(공역), 『비극과 희극, 그 의미와 형식』, 고려대학교 출판부, 1995.

Dudley Andrew(더들리 앤드루), 『영화 이론의 개념들』, 김시무 외(공역)(1995), 시각과 언어.

George E. Duckworth, *The Nature of Roman Comedy: A Study in Popular Entertainment*, Princeton University Press, Princeton, New Jersey, 1971.

Henri Bergson, *Le Rire, Essai sur la signification du comique*, P.U.F. 1956, 정연복(역), 『웃음—희극성의 의미에 관한 시론』, 세계사, 1992/1998.

Hwa Yol Jung, *Body Politics, Art & Ecology*, 정화열, 『몸의 정치와 예술, 그리고 생태학』, 이동수·김주환·박현모·이병택(역), 아카넷, 2005.

Margaret A. Rose, 「패로디/메타픽션」, 문흥술(역), 『심상』, 1991년 12월호/1992년 1월호.

Maurice Merleau-Ponty, *Humanisme et Terreur*, Éditions Gallimard, 1947, 모리스 메를로-퐁티, 『휴머니즘과 폭력—공산주의 문제에 대한 에세이』, 박현모·유영산·이병택(공역), 문학과 지성사, 2004.

Michel Corvin, *Lire la comédie*, 문시연(역), 『희극 읽기』, 문음사, 1998.

Moelwyn Merchant, *Comedy*, Methen & Co Ltd, London, 1970/1974, 석경징(역), 『희극』, 서울대학교 출판부, 1981.

Peter Brooks, *Body Work*, Harvard University Press, 1993, 피터 브룩스, 『육체와 예술』, 이봉지·한애경(역), 문학과지성사, 2000.

René Girard, *La Violence et le Sacre*, Editions Grasset & Fasquelle, 1972, 르네 지라르, 『폭력과 성스러움』, 김진식·박무호(역), 민음사.

Rick Altman, *Film/ Genre*, British Film Institute, 1999/2000

Robert W. Corrigan, *Comedy: Meaning and Form*, The University of Wisconsin-Milwaukee, Harper&Row, Publishers, New York, 1965/1981.

Robert W. Corrigan, "Tragicomedy", *The World of the Theatre*, Scott, Foreman and company, Glenview, III. // 로버트 W. 코리간, 송옥(역), "희비극", 송옥(외)(공역), 『비극과 희극, 그 의미와 형식』, 고려대학교 출판부, 1995.

Sigmund Freud, *Der Witz und seine Beziehung zum Unbewußten*, 1905, 임인주(역), 『농담과 무의식의 관계』, 열린책들, 1997.

Steve Neale, *Genre*, London: British Film Institute, 1980.

Seymour Chatman, *Story and Discourse: Narrative Structure in Fiction and Film*, Cornell University Press, 1978, 김경수(역), 『영화와 소설의 서사구조: 이야기와 담화』, 민음사, 1999.

Stella Bruzzi, *Undressing Cinema: Clothing and Identity in the Movies*, Routledge, London and New York, 1997.

Stig Björkman, *Woody Allen on Woody Allen*, Faber and Faber, 1993, 스티그 베이르크만, 이남(역), 『우디가 말하는 앨런』, 한나래, 2006.

Susan Hayward, *Key Concepts in Cinema Studies*, Routledge, London, 1996, 수잔 헤이워드, 『영화 사전 [이론과 비평]』, 이영기(역), 한나래, 1997.

Susan Langer(수잔 랭거), "The Comic Rhythm", in *Feeling and Form*, 1953 / 심미현(역), "희극적 리듬", 송옥(외)(공역), 『비극과 희극, 그 의미와 형식』, 고려대학교 출판부, 1995.

Thomas Schatz, *Hollywood Genres*, New York: McGraw-Hill, Inc., 한창

호·허문영(역)(1995), 『할리우드 장르의 구조』, 한나래, 1981.

Thomas Sobchack & Vivian C. Sobchack(1997), *An Introduction to Film*, 주창규(외)(공역), 『영화란 무엇인가: 영화의 역사·형식·기능에 대한 이해』, 거름, 1998.

Northrop Frye, *Anatomy of Criticism: four essays*, 1957, 『비평의 해부』, 임철규(역), 한길사, 2000.

Gerald Mast, *The Comic Mind: Comedy and the Movies*, The University of Chicago Press, Chicago and London, 1979.

Steve Neale & Frank Krutnik, *Popular Film and Television Comedy*, 1990, 스티브 닐·프랑크 크루트니크, 『세상의 모든 코미디』, 강현두(역), 커뮤니케이션북스, 2002.

Vladimir Propp, Morfológija skázki, Leningrad, 1928, 루이스 와그너(영역), *The Morphology of the Folklore*, 인디애나대학, 1968, 유영대(역), 『민담형태론』, 새문사, 1987/2000.

Wylie Sypher, "The Meanings of Comedy", Wylie Sypher(ed.), *Comedy*, Doubleday Anchor Books, Doubleday & Company, Inc. Garden City, New York, 1956.